Die blaue Stunde der Informatik

Die blaue Stunde – die Zeit am Morgen zwischen Nacht und Tag, die Zeit am Abend ehe die Nacht anbricht. Wenn alles möglich scheint, die Gedanken schweifen, wenn Zeit für anregende Gespräche ist und Neugier auf Zukünftiges wächst, auf alles, was der nächste Tag bringt.
Genau hier setzt diese Buchreihe rund um Themen der Informatik an: Was war, was ist, was wird sein, was könte sein?
Von lesenswerten Biographien über historische Betrachtungen bis hin zu aktuellen Themen umfasst diese Buchreihe alle Perspektiven der Informatik – und geht noch darüber hinaus. Mal sachlich, mal nachdenklich und mal mit einem Augenzwinkern lädt die Reihe zum Weiter- und Querdenken ein. Für alle, die die bunte Welt der Technik entdecken möchten.

Tassilo Weller

Die Macht der Ambivalenz

Personal Knowledge Graphs im
digitalen Zeitalter

Tassilo Weller
Mering, Bayern, Deutschland

ISSN 2730-7425 ISSN 2730-7433 (electronic)
Die blaue Stunde der Informatik
ISBN 978-3-658-48444-6 ISBN 978-3-658-48445-3 (eBook)
https://doi.org/10.1007/978-3-658-48445-3

Die Deutsche Nationalbibliothek verzeichnet diese Publikation in der Deutschen Nationalbibliografie; detaillierte bibliografische Daten sind im Internet über https://portal.dnb.de arufbar.

© Der/die Herausgeber bzw. der/die Autor(en), exklusiv lizenziert an Springer Fachmedien Wiesbaden GmbH, ein Teil von Springer Nature 2025

Das Werk einschließlich aller seiner Teile ist urheberrechtlich geschützt. Jede Verwertung, die nicht ausdrücklich vom Urheberrechtsgesetz zugelassen ist, bedarf der vorherigen Zustimmung des Verlags. Das gilt insbesondere für Vervielfältigungen, Bearbeitungen, Übersetzungen, Mikroverfilmungen und die Einspeicherung und Verarbeitung in elektronischen Systemen.
Die Wiedergabe von allgemein beschreibenden Bezeichnungen, Marken, Unternehmensnamen etc. in diesem Werk bedeutet nicht, dass diese frei durch jede Person benutzt werden dürfen. Die Berechtigung zur Benutzung unterliegt, auch ohne gesonderten Hinweis hierzu, den Regeln des Markenrechts. Die Rechte des/der jeweiligen Zeicheninhaber*in sind zu beachten.
Der Verlag, die Autor*innen und die Herausgeber*innen gehen davon aus, dass die Angaben und Informationen in diesem Werk zum Zeitpunkt der Veröffentlichung vollständig und korrekt sind. Weder der Verlag noch die Autor*innen oder die Herausgeber*innen übernehmen, ausdrücklich oder implizit, Gewähr für den Inhalt des Werkes, etwaige Fehler oder Äußerungen. Der Verlag bleibt im Hinblick auf geografische Zuordnungen und Gebietsbezeichnungen in veröffentlichten Karten und Institutionsadressen neutral.

Springer Vieweg ist ein Imprint der eingetragenen Gesellschaft Springer Fachmedien Wiesbaden GmbH und ist ein Teil von Springer Nature.
Die Anschrift der Gesellschaft ist: Abraham-Lincoln-Str. 46, 65189 Wiesbaden, Germany

Wenn Sie dieses Produkt entsorgen, geben Sie das Papier bitte zum Recycling.

Interessenkonflikt Der/die Autor*in hat keine für den Inhalt dieses Manuskripts relevanten Interessenkonflikte.

Inhaltsverzeichnis

1	Einleitung...	1
2	Der reziprok-ambivalente Aspekt des menschlichen Denkens......	5
	Literatur...	9
3	Medien...	11
	Literatur...	16
4	Personal Knowledge Graph (PKG)............................	17
	Literatur...	19
5	Der Zettelkasten von Niklas Luhmann........................	21
	Literatur...	22
6	Die Potentiale eines möglichen reziprok-ambivalenten Mediums ...	23
	6.1 Das (formal-)deskriptive Potential........................	24
	6.2 Das assoziative Potential...............................	26
	6.3 Das prozessuale Potential..............................	28
	6.4 Das explorative Potential...............................	29
	6.5 Das reziprok-ambivalente Potential......................	31
	Literatur...	33
7	Anforderungskatalog.......................................	35
	7.1 Persönliche Datenhoheit/Zentrierung der Daten auf den Nutzer..	35
	7.2 Assoziatives Datenmodell, intuitive erweiterbar.............	36
	7.3 Benutzerfreundlichkeit.................................	37
	7.4 Wissensorganisation	38
	7.5 Integration/Extraktion	43
	7.6 Repräsentation.......................................	45
	7.7 Prozesse..	46
	Literaturverzeichnis	47
8	Ein reziprok-ambivalenter Ansatz: nOMod....................	49
	8.1 Die Anfänge, eine WIKI	50
	Literatur...	55

9	**Use Cases**		57
	9.1	Steuer 2023	57
	9.2	Programmieren Lernen mit meiner Tochter Paula	66
	9.3	Inhalte verinnerlichen im Rahmen der akademischen Weiterbildung Expert:in Business Intelligence bei der AKAD	86
	9.4	Verwaltung und Publishing der von mir komponierten Songs	103
	9.5	Einordnung der fehlenden Anforderungen	112
	Literatur		113
10	**Die Herausforderungen**		115
	Literatur		117
11	**Das Zusammenspiel der Unterstützungspotentiale und Ausblick**		119
	Literatur		122
12	**Zentrale Thesen des Autors**		123
	Literatur		125

Einleitung 1

Dieses Werk präsentiert eine Dokumentation meiner praktischen und theoretischen Arbeit an einer Software und einer dazu passenden Hypothese zu Medien und indirekt zum Denken. Die Software erlaubt es mir, meine Gedanken langfristig und zusammenhängend aufzubewahren, wiederzuverwenden und auch zu kommunizieren. Das Medium dient mir vor allem auch dazu, Erwartungen, die von außen an mich gestellt werden, mit meinen eigenen Gedanken ins Verhältnis setzen zu können, ohne dass ich mich in meinem Denken verliere oder mich dabei zu stark an die Erwartungen der Umgebung anpassen muss, was die Art und Weise angeht, wie ich zu Ergebnissen komme. Ich möchte möglichst intuitiv mit der Software arbeiten und gleichzeitig eine möglichst hohe Komplexität handhaben können und dies auf Dauer.

Der theoretischen Arbeit habe ich den Arbeitstitel Integrativer Konstruktivismus gegeben. Es soll ein kultur- und erkenntnistheoretisches Konzept zur Analyse und Reform sozialer Diskurse werden. Diese Reform soll über den indirekten Weg der Reform der in den Diskursen verwendeten Sprachen, Schriftmedien und zugehörigen Werkzeuge ermöglicht werden. Diese Komponenten sozialer Diskurse, bestimmen meiner Meinung nach die Konstruktion von Wirklichkeiten in den Köpfen der Menschen entscheidend mit und sind einseitig ausgerichtet auf eine bestimmte Art zu Denken. Diese Einseitigkeit führt im Sinne des Konzepts der Neurodiversität zu einer Benachteiligung der Menschen, denen diese Art des Denkens schwerfällt.

Eine wichtige Basis ist dabei der radikale Konstruktivismus, eine Denkströmung, die auf Ernst von Glasersfeld zurückgeht und die davon ausgeht, dass jegliche Wirklichkeit und damit auch Wahrheit im kommunikativen Miteinander entstehen. Das meiner Meinung nach weiterführende Konzept des Integrativen Konstruktivismus, sollte den Ausgangspunkt für eine neue Konzeption von kulturellen Diskursen und zugehörigen sozialen Systemen liefern, der zu einer Offenheit und immanenten Integrationsfähigkeit von widersprüchlichen und vor allem individuellen Wirklichkeiten führen soll, wie es heute nur schwer vorstellbar ist. Der Fokus des Integrativen Konstruktivismus liegt auf der anreichernden Kombination von sozialen und individuellen Wirklichkeiten sowie der uns umgebenden Realität. Man könnte sagen, es geht darum, Sprachen, Schriftmedien und zugehörige Werkzeuge zu schaffen, die es Menschen erlauben, völlig individuelle Wirklichkeit zu konstruieren und gleichzeitig so zu kommunizieren, dass ihre Mitmenschen relativ leicht an der Kommunikation teilhaben können. Das Moment der Reflexion der Verhältnisse von Wirklichkeiten zueinander, ist dabei ständiger Begleiter in der Arbeit mit Medien.

Man kann es sich in etwa so vorstellen, als würde ein:eine Schüler:in, die eine Sachaufgabe lösen soll, in der es um Kühe und Milchmengen geht, ihre Lösung mit individuellen Inhalten anreichert, um ein persönliches und assoziatives Verhältnis zu der Sachaufgabe aufzubauen. Sie könnte eigene Bilder der Kühe hinzufügen oder Geschichten über die Kühe schreiben und würde den Fokus auf die Lösung der mathematischen Aufgabe trotzdem nicht verlieren, sowohl in der Arbeit an der Aufgabe als auch in der Kommunikation des Lösungsweges und des Ergebnisses.

Dieses Werk stellt dabei den Teil des Konzeptes des Integrativen Konstruktivismus dar, der sich um die Grundlagen für Schriftmedien dreht. Das Konzept und dessen praktische Umsetzung, sollen es ermöglichen, persönliche Gedanken mit öffentlichen Erwartungen integrativ zu verbinden, selbst oder gerade auf der Basis der Differenzen zwischen den entstehenden Wirklichkeiten. Die Medien helfen dabei, die konfliktträchtigen Seiten anreichernd zu kombinieren. Dabei ist der Widerspruch ein konstituierendes Element der Entstehung gemeinsamer Wirklichkeiten.

Mein persönlicher Ausgangspunkt der Erarbeitung des Konzeptes ist ein Phänomen, dass offiziell mit der Bezeichnung AD(H)S diagnostiziert wurde. Diese Diagnose erhielt ich im Jahr 2012, nach einer jahrelangen Odyssee durch psychotherapeutische Institutionen. Dabei handelt es sich um eine bestimmte Art von Unfähigkeit, oder besser Andersartigkeit im Umgang mit Wissen und dessen Erarbeitung und Kommunikation. Menschen mit AD(H)S, zeigen häufig ein Verhalten, dass im sozialen Miteinander als faul, dumm oder bösartig wahrgenommen wird, da sie Aufgaben nicht so erledigen können, wie die Erledigung erwartet wird. In der Kommunikation entsteht Misstrauen und Ablehnung auf beiden Seiten, aufgrund der Neurodiversität dieser Menschen. Neurodiversität ist die Akzeptanz der Vielfältigkeit des menschlichen Denkens in der Wahrnehmung, Verarbeitung, Kommunikation und Handlung. Dabei gibt es Menschen, die weniger stark von der Norm abweichen und Menschen, die stärker abweichen. Die Einseitigkeit der sozialen Unterstützung der Norm, führt zu einer Benachteiligung bestimmter Menschen, die einer Art Neuro-Minderheit zugerechnet werden können.

Ich musste die negativen Kategorisierungen in faul, dumm bzw. bösartig während meiner Schul- und Ausbildungszeit sowie im Arbeitsleben sehr häufig erleiden. Es gab einige Ereignisse, die mir immer noch in präsenter Erinnerung sind. Beispielsweise waren sich meine Lehrer und meine Eltern darüber einig, dass ich faul sei und deshalb meine Hausaufgaben nicht erledigte oder nur kurz vor den

Prüfungen lernte. Einmal fragte mich ein Lehrer, ob ich Drogen nehmen würde, denn nur so sei mein Verhalten erklärbar. Mein Charakter wurde häufig als Grund für mein scheinbar untragbares Verhalten genannt, für das Aufschieben, die Verweigerung des Beschreitens der erwarteten Wege und die Unfähigkeit, meine realen Schwierigkeiten so zu kommunizieren, dass sie überhaupt wahrgenommen werden konnten.

Mir wurde während des Studiums zum Dipl. Informatiker (FH) klar, dass eines meiner größten Probleme in erster Linie ein Verständnis-Problem war und ich begriff intuitiv, dass die Art und Weise bzw. die Mittel, mit denen ich versuchte, den Aufbau von Verständnis zu erreichen, großen Einfluss auf den Prozess der Erkenntnisgewinnung hatten. Die Mittel folgten einer bestimmten gedanklichen Ausprägung und erschwerten bzw. verhinderten andere Wege der Erkenntnisgewinnung. Mir wurde intuitiv klar, dass die „normale" Art und Weise bzw. die Mittel, die im sozialen miteinander verwendet werden sollen, mir fremd und unangenehm waren und es immer noch sind. Also begann ich nach anderen Medien und Arbeitsweisen zu suchen, um den Erkenntnisprozess zu unterstützen. Im Jahre 2008 gelang mir ein Durchbruch auf dieser Suche. Seither entwickle ich eine Software, welche andere Arten und Weisen der Arbeit und zugehörige Mittel bereitstellt, um Erkenntnis zu erlangen, zu konservieren und auch zu kommunizieren. Dadurch veränderte sich mein Verhalten nachhaltig. Die erste praktische Anwendung der so entstandenen Eigenentwicklung, ließ mich vor 16 Jahren in Tränen ausbrechen, weil ich sofort die erleichternde Wirkung des Mediums beim Umgang mit der mir so fremdem Repräsentation von Wissen spürte, und vor allem auch die vollkommen andere Wirkung der Software im Verhältnis zu anderen Medien. Es fühlte sich an, als wären geistige Ketten von mir genommen worden. Es fühlte sich an, als würde ich vollständiger werden als vor der Nutzung. Das Gefühl war vollkommen neu für mich und es war überwältigend. Von einem Moment auf den anderen realisierte ich mit der Macht des Erlebens, dass es auch anders geht, dass meine Probleme geistiger Natur sind und dass das Gefühl der Spaltung, dass mich bis dahin begleitete, auch überwunden werden kann. Seither arbeite ich an der Verfeinerung des Werkzeuges und nutze es alltäglich, wie eine Art Krücke im Umgang mit dem präsentierten Wissen und den Erwartungen, wie mit diesem Wissen umzugehen ist. Heute weiß ich, dass ich an der Entwicklung eines sogenannten Personal Knowledge Graph (PKG) arbeite, eine Art von Software, die in diesem Werk näher beleuchtet wird.

Neben dieser praktischen Suche erscheint mir ebenso wichtig die Ausarbeitung eines theoretischen Konzeptes, welches die geistigen Hintergründe meiner Suche ergründet, denn der Moment, als ich die erleichternde Wirkung des Werkzeugs zum ersten Mal spürte, war wie eine Art Wiedergeburt für mich aber auch wie eine Art Schock, den es galt, geistig und seelisch zu verarbeiten.

Heute gehe ich davon aus, dass es verschiedene sogenannten mediale Unterstützungspotentiale gibt, die das Denken auf unterschiedliche Art und Weise unterstützen. Diese Unterstützungspotentiale existieren in einem Spannungsfeld, dass mit Hilfe eines dieser Unterstützungspotentiale versöhnt werden kann. Unsere Sprachen, Medien und Werkzeuge, realisieren die verschiedenen Unterstützungspotentiale mehr oder weniger gut, aber nicht ganzheitlich. Dadurch führen sie in der Arbeit mit diesen Diskurskomponenten zu einer Spaltung im Erleben des menschlichen Denkens, die psychische Spuren hinterlässt. Ich gehe weiterhin davon aus, dass es eine bestimmte Kombination der Potentiale gibt, die als eine Art Norm gilt, denn aufgrund der Spaltung, kommt es zur Konkurrenz zwischen den Unterstützungspotentialen und damit zum Zwang einer wertenden Hierarchie der Potentiale im sozialen Miteinander.

Die sozialen Diskurse, in denen wir uns alltäglich bewegen, sind einseitig und fordern bzw. fördern eine Norm der Hierarchie der Unterstützungspotentiale und letztendlich eine Norm des Denkens. Menschen, die eine andere Kombination von Unterstützungspotentialen benötigen und eine andere Art des Denkens, müssen sich je weiter sie von der Norm abweichen, entweder bedingungslos anpassen, oder eine soziale Nische finden, in der sie funktionieren können, ohne psychische Ausnahmesituationen und soziale Ausgrenzung.

Ich gehe davon aus, dass es möglich ist, unsere Sprachen, Medien und Werkzeuge so zu reformieren, dass sie die Unterstützungspotentiale anreichernd und ganzheitlich realisieren, wodurch es im sozialen miteinander und persönlichen Erleben zu einer Überwindung der Spaltung kommen sollte. Als entscheidend habe ich hierbei ein Unterstützungspotential identifiziert, welches es unterstützt, Widersprüchliches geistig so miteinander in Bezug zu setzen, dass eine nutzenorientierte Anreicherung der Widersprüchlichkeiten entsteht, die in etwas geistig Neues einfließt. Dieses Potential bildet eine Art Brücke zwischen den anderen Potentialen. Ich nenne es reziprok-ambivalentes Potential. Es deutet eine wechselseitige Abhängigkeit an und den Faktor der Differenz. Personal Knowledge Graphs stellen eine Art von Software dar, die es ermöglichen konnte, das skizierte Ziel in der eigenen geistigen Arbeit zu überwinden. Sie werden in diesem Werk näher beleuchtet.

Das in Form dieses Textes vorliegende Werk, soll die entstandene Hypothese zu einem Medium im Sinne eines integrativen und gleichzeitig radikalen Konstruktivismus, in einer kompakten, durchgängigen und verständlichen Art und Weise darstellen und für meine Nachwelt aufbewahren. Vielleicht wird es in Zukunft eine bessere Gesellschaft geben, in der es Menschen wie ich leichter haben werden. Vielleicht kann mein Werk dazu beitragen, die für mich so feindliche wahrgenommene Umwelt zu verwandeln.

Der reziprok-ambivalente Aspekt des menschlichen Denkens 2

Gibt es verschiedene Arten zu denken? Denken wir manchmal kreativ, systematisch oder magisch? Ergänzen sich diese Arten zu Denken oder sind sie widersprüchlich? Menschen denken scheinbar auf verschiedene Arten und Weisen, auch widersprüchlich, um Entscheidungen treffen zu können und diese in Handlung zu verwandeln (vgl. gedankenwelt.de, o. D.).

In „Einführung in prädikatives und funktionales" Denken von Frau Prof. Dr. Inge Schwank, einem Artikel aus dem Bereich der Mathematikdidaktik, werden zwei verschiedene Arten zu Denken eingeführt. Zum einen das prädikative Denken, bei dem es um die geistige Arbeit mit Eigenschaften von Gegenständen geht, die uns ermöglichen, Gegenstände anhand von Ähnlichkeiten zu charakterisieren und so wiederzuerkennen. Dabei erfassen und beschreiben wir, wie etwas ist, wie es aufgebaut bzw. strukturiert ist. Dem gegenüber steht die zweite Form des Denkens, und zwar das funktionale Denken. Dabei geht es um die geistige Arbeit mit Veränderungen, wie sich Dinge entwickeln. Diese beiden Arten widersprechen sich zu einem gewissen Teil. Beim funktionalen Denken geht es um die Unveränderlichkeit von Gegenständen und den Aufbau der Welt aus diesen Gegenständen. Es geht um deren Ähnlichkeiten. Bei der zweiten Art geht es um die Beschreibung und Erkennung der Welt anhand der Veränderungen. Es geht also um Unterschiede. Im Text wird auch aufgezeigt, dass die Materialien für den mathematischen Unterricht, zu einer der beiden Arten tendieren. Es wird auch thematisiert, dass die Materialien in der Regel dem prädikativen Denken zugeordnet werden können. Weiter spricht der Artikel davon, dass Lernende ebenfalls zu einer der beiden Arten zu Denken tendieren und durch die Lernmaterialen dann mehr oder weniger gut unterstützt werden aufgrund der Tendenz zu einer der beiden Seiten (vgl. Schwank, 2003). Der Artikel zeigt wichtige Punkte auf. Zum einen gibt es sich widersprechende Potentiale des menschlichen Denkens, die mit Hilfe von Medien, in diesem Fall Lernmaterialien, mehr oder weniger gut unterstützt werden. Er deutet aber auch darauf hin, dass im Rahmen der Repräsentation durch

Medien, durch die Medien eine Trennung dieser beiden Arten durchgeführt wird und dass eine der beiden Arten in Lernmaterialien bei der Unterstützung überwiegt.

Diese Unterscheidung von verschiedenen Arten zu denken, findet sich bei mehreren Autoren. Edward De Bono unterscheidet ebenfalls zwei verschiedene Arten zu Denken. Dabei spricht er vom vertikalen und lateralen Denken. Beide Arten zu denken, charakterisiert er mithilfe verschiedener Kriterien. Das laterale Denken zeichnet sich folgendermaßen aus:

- Richtigkeit;
- Ausschluss der scheinbar falschen Wege;
- Der vielversprechendste Lösungsweg wird ausgewählt;
- Die beste Betrachtungsweise einer Situation wird ausgewählt;

Dem gegenüber spricht er als Gegenpart vom vertikalen Denken. Dieses zeichnet sich folgendermaßen aus:

- Ergiebigkeit unabhängig von der Richtigkeit;
- Schaffung von neuen Wegen;
- Möglichst viele Lösungswege hervorbringen;
- Lösungswege um ihrer selbst willen;

(vgl. de Bono, 1971, S. 42)

Diese Einteilung des menschlichen Denkens, führt zu zwei sich widersprechenden Beschreibungen. So widerspricht die Ergiebigkeit der Richtigkeit. Die Ergiebigkeit soll neue Möglichkeiten eröffnen und die Richtigkeit soll sie einschränken auf die korrekten. Dabei wird ein bestimmter Nutzen angedeutet, der angestrebt wird (laterales Danken), dem die Lösungswege um ihrer selbst willen widersprechen können (vertikales Denken). Menschen nutzen diese teils widersprüchlichen Arten zu Denken und sind in der Lage dazu, die Widersprüchlichkeiten konstruktiv aufzulösen, sodass verbindend etwas Neues entsteht. Es muss im menschlichen Denken also etwas geben, dass Widersprüchlichkeiten nutzenorientiert miteinander verbinden kann, ein Aspekt des menschlichen Denkens.

Neben der Vorstellung von zwei gegensätzlichen Arten zu denken, gibt es philosophische Modelle, die den Menschen allgemein charakterisieren sollen. Diese Modelle widersprechen sich zum Teil. Sie lösen die Widersprüchlichkeit des Menschen durch eine widerspruchsfreie Sicht auf, die dem jeweiligen Modell entspricht, ähnlich der Einteilung in zwei verschiedene Arten zu denken. Im Verhältnis der Modelle zueinander, treten die Widersprüche aber stark hervor. Der homo oeconomicus ist eines dieser Modelle. David Ricardo vertrat die These, dass alles menschliche Handeln und Denken auf dem Prinzip des Eigennutzes beruht und das Handeln dem rationalen Nutzen folgt (vgl. Ricardo und Bondi, 1979). Der Mensch setzt hierfür entweder so wenig wie möglich ein, um ein bestimmtes Ziel zu erreichen oder er versucht den größtmöglichen Nutzen durch einen begrenzten Einsatz von Mitteln zu erreichen. Dem gegenüber steht ein weiteres Modell, das homo ludens genannt wird. Johann Huizinga spricht dem Spiel die Rolle der Loslösung von materiellen Zwängen zu, um ausprobieren zu können, wie bestimmte Handlungs- und Denkweisen sich auswirken könnten. Es geht dabei nicht um den Eigennutz, sondern um das Experiment mit den Möglichkeiten (vgl. Huizinga, 1987). Auch hier zeigt sich der Widerspruch der Begrenzung der Möglichkeit anhand des Nutzens, im Gegensatz zur Schaffung von Möglichkeiten zur Exploration, um den passenden Nutzen zu bestehenden Möglichkeiten zu entdecken.

Es zeigt sich noch etwas anderes. Diese Modelle beschränken die Möglichkeiten der Selbstinterpretation der Menschen und damit deren eigene Entwurfsmöglichkeiten, wenn nur eines der Modelle zur Charakterisierung des Menschen herangezogen wird. Wenn sie in ihrer scheinbar logischen Konsequenz die Menschen einseitig beschreiben und gleichzeitig vorgeben, wie sie zu sein haben, schränken sie die Möglichkeiten ihrer Entwicklung ein (vgl. Vogel, 2001, S. 38 f.). Sie wirken nicht nur beschreibend, sondern auch leitend, denn aus diesen Modellen leiten sich politische Leitbilder ab, wie der Liberalismus. Sie sind also niemals nur beschreibend, sondern auch formend. Wie wir uns interpretieren, bestimmt zu einem unbekannten Teil mit, wie wir werden. Der Beobachter ist Teil und Motor der Veränderung.

Durch die Auflösung von Widersprüchen in einzelne widerspruchsfreie Modelle des Denkens und Handelns, entsteht eine trennende Grenze und eine Leerstelle zwischen den Modellen. Es scheint, als müsste man sich zwischen den Menschenbildern oder zwischen den Arten zu Denken entscheiden, um Menschen charakterisieren zu können. Sind Menschen Wesen, die nur auf Eigennutz aus sind und den rationalsten und einfachsten Weg zur Befriedigung dieses Eigennutzes suchen? Oder sind sie verspielt und schaffen sich neue Möglichkeiten, die das Alte hinwegfegen um der neuen Möglichkeit willen? Denken sie rational, suchen die Richtigkeit, schließen falsche Wege aus oder fantasieren sie, um sich Möglichkeiten zu schaffen und sprengen damit die Rationalität?

Die Betrachtung des menschlichen Geistes unter dem Blickwinkel verschiedener Arten zu denken, verhindert den Blick auf die Neurodiversität des menschlichen Denkens. „Neurodiversität beschreibt die Vielfalt der menschlichen neurologischen Funktionen und Eigenschaften. Denn Gehirne und Nervensysteme existieren natürlicherweise in vielfältigen Formen und Funktionsweisen." (bznd.org, o. D.)

Die Widersprüchlichkeit des menschlichen Denkens zeigt sich in verschiedenen höchst widersprüchlichen Modellen des menschlichen Denkens bzw. höchst widersprüchlicher Menschenbilder. Dabei liegt eine Vorstellung nahe, dass Menschen eine Fähigkeit besitzen, Widersprüchliches so miteinander zu verbinden, dass etwas Neues aus den Widersprüchen entsteht in wechselseitiger und anreichernder Verbindung, das individuellen Zielen folgt und nutzenorientiert konstruiert wird. Es ist die Fähigkeit, widersprüchliche Denk- und Handlungsweisen so zu verbinden, dass gleichzeitig die Grenzen der beteiligten Seiten überschritten werden und trotzdem eine Bindung zu den sich widersprechenden Aspekten bleibt. Hermann von Helmholtz spricht von unbewussten Schlüssen, die die Ganzheitlichkeit im Denken des Menschen sicherstellen (vgl. Helmholtz, 1867, S. 448–449).

Diese unbewussten Schlüsse sind mentale Repräsentationen, die gebunden bleiben an vorhandene Konstrukte. Sie überwinden bzw. erweitern aber auch das Vorhandene und gleichzeitig respektieren und konservieren sie es. Die Überschreitung bleibt im Verhältnis zum Überschrittenen geistig bestehen. Dies ist Autonomie im Sinne von Kant, gebundene Freiheit (vgl. Kant, 1964, S. 440). Im menschlichen Denken und Verhalten, zeigt sich eine ambivalente Reziprozität, also eine wechselseitige Abhängigkeit widersprüchlicher Aspekte. In der philosophischen Anthropologie Plessners, gelten Menschen als Mängelwesen, denen es an Instinkten fehlt, um auf natürliche Herausforderungen angemessen reagieren zu können. Diesen Mangel kompensiert sie durch ihre Fähigkeit, sich selbst aber auch ihre Umgebung zu objektivieren und über die Grenzen der Zustände dieser Objekte hinaus zu denken, sie so zu konstruieren, dass die Menschen in die Lage versetzt werden, den Mangel an Instinkten durch eine geistige Konstruktion von potenziellen Kompensationen zu überwinden. Die Menschen sind künstliche Wesen, die aber trotzdem an ihre biologischen Grenzen gebunden bleiben. Man kann von einer reziproken Ambivalenz der Menschen sprechen. Sie überwinden geistig die Grenzen ihrer biologischen Bindung und verwandeln diese Überwindung so in Handeln, dass Neues und Bestehendes eine gegenseitige Anreicherung erfahren. Menschen sind Wesen, die an ihre Natur gebunden bleiben und diese aber gleichzeitig überwinden können. Plessner beschreibt dies in seinen anthropologischen Grundgesetzen (vgl. Plessner, 1928, S. 383–425).

Heidegger führt in Sein und Zeit das Konzept des Daseins ein. Das Dasein ist eine Existenzform, die sich selbst im Verhältnis zu einer Umwelt reflektieren kann, sich also gleichzeitig als Teil der Umwelt, aber auch als etwas von ihr getrennt erleben, beschreiben und weiterdenken kann. Diese Trennung und gleichzeitige Verbindung, führt zu einer unauflöslichen Spannung des Daseins, die Heidegger Sorge nennt. Am deutlichsten wird diese Sorge sichtbar, wenn sie zeitlich interpretiert wird. Die Sorge wird laut Heidegger gespeist aus der Endlichkeit des Daseins aufgrund des drohenden Endpunkts des Todes und seiner körperlichen Vergänglichkeit. Das Dasein kann aber nur aufgrund der Erfahrungen aus der Vergangenheit agieren. Diese nutzt das Dasein, um die Möglichkeiten zu erkennen bzw. zu schaffen, die der Sorge Rechnung tragen. Dabei konstruiert das Dasein eine angestrebte oder drohende Zukunft und schafft so einen Handlungsplan, basierend auf Erfahrung und Möglichkeiten, der im Moment der Handlung bedingungslos umgesetzt wird. Die Gegenwart ist dem Dasein nicht bewusst zugänglich. Es reagiert im Moment der Handlung anhand des konstruierten Handlungsplanes, gebunden an seine Potentiale. Die Realisierung der konstruierten Gegenwart, ist immer schon ein Bild dessen, was war mit dem Versatz der Wahrnehmung und geistigen Interpretation des Wahrgenommenen. So ist das Dasein in die Gegenwart geworfen, ohne sie bewusst erleben zu können. Das Dasein agiert bewusst in einer konstruierten Zukunft, gespeist aus einer erfahrenen Vergangenheit. Im Jetzt ist es reine Handlung (vgl. Noller, 2019). Im Moment der Handlung werden die inneren geistigen Konstrukte des Daseins zur absoluten Wahrheit, denn sie steuern das Handeln, dass nicht mehr bewusst kontrolliert werden kann. Es zeigt sich eine Ambivalenz zwischen der erfahrenen Vergangenheit, der konstruierten

Zukunft und der bedingungslosen Gegenwart. Der Mensch ist intuitiv in der Lage dazu, diese Ambivalenz zu leben und anreichernd zu nutzen, um so der Sorge gerecht zu werden.

Die Systemtheorie[1] beschäftigt sich ebenfalls mit diesem Potential der ambivalenten Reziprozität im Begriff des Beobachters. Dieser ist eine operationale Betrachtung des Verhältnisses zwischen Subjekten und einer sie umgebenden Umwelt. Das Subjekt, also beispielsweise ein Mensch, der seine Umwelt interpretiert und mit ihr umgeht, wird aus der Sicht der Funktionen beschrieben, die ihm die Unterscheidung zwischen sich und der Umwelt ermöglichen. „Einerseits ist es nicht zu unterscheiden von den Energie und Materieflüssen der Welt und scheint doch andererseits innerhalb dieser in Differenz zu diesen zu treten. Diese beiden Beschreibungsweisen sind nicht ineinander überführbar […] Aus letzterer Perspektive erscheinen Systeme als Beobachter, denen gleichsam eine Art subjektiver Status zugewiesen werden kann, da sie, wie gesagt, nicht nur Teil der Welt sind, sondern zugleich eine Welt haben." (Vogd, 2020, S. 78) Auch hier deutet sich das reziprok-ambivalente Potential in der Zugehörigkeit, der Unterscheidung und der mangelnden Überführbarkeit an. Es deutet sich aber noch etwas anderes an. Es gibt im menschlichen Denken etwas, welches auf irgendeine Art und Weise eine eigene Wirklichkeit abbildet, aber dies in Verbindung zu einer umgebenden Umwelt autonom organisiert, also Selbstbestimmung und Fremddeterminiertheit anreichernd miteinander kombiniert und auch konstruiert, also schöpferisch damit umgeht. Es muss eine Fähigkeit geben, Widersprüchliches und Trennendes so miteinander in Bezug zu setzen, dass etwas Ziel- und Nutzenorientiertes aus der Differenz heraus entsteht, ohne den Bezug zu den beiden Seiten zu verlieren.

Diese anreichernde und gleichzeitig widersprüchliche Verbindung von geistigen Konstrukten, ist eine der Grundlagen des menschlichen Denkens, die es den Menschen ermöglicht, sich weiterzuentwickeln. Sie können Wirklichkeiten schaffen, die über das Beobachtete hinaus gehen und auch die Grenzen der inneren Wirklichkeiten sprengen und trotzdem daran gebunden bleiben.

Literatur

bznd.org (o. D.): NEURODIVERSITÄT. https://bznd.org/index.php/2023/07/26/sichtbarkeit-gesundheit-lebendigkeit/. Zugriff am 30.05.2024.
DE BONO, E. (1971), Laterales Denken – Ein Diskurs zur Erschließung Ihrer Kreativität, Rohwolt.
gedankenwelt.de (o. D.): 15 verschiedene Arten zu Denken. https://gedankenwelt.de/15-verschiedene-arten-des-denkens/. Zugriff am 23.09.2023.

---

[1] Die Systemtheorie beschäftigt sich mit der dynamischen Abgrenzung, Kommunikation und Anpassung von Organismen bzw. sozialen Kontexten auf der einen Seite und ihrer Umwelt auf der anderen Seite. Systeme besitzen eine Identität in der Differenz zu ihrer Umwelt, und kommunizieren mit der Umwelt, wodurch es zu reziprok-ambivalenten Anpassungsprozessen kommt, innerhalb derer die Identität des Systems in der Differenz zu seiner Umwelt erhalten bleibt (vgl. Baecker, 2021).

Baecker, D. (Hrsg.) 2021: Schlüsselwerke der Systemtheorie. 3. Auflage. Springer VS. eBook. https://doi.org/10.1007/978-3-658-30633-5.

Helmholtz, H. (1867): Handbuch der physiologischen Optik. Leopold Voss Leipzig.

Huizinga, J. (1987): Homo ludens: vom Ursprung der Kultur im Spiel. 27. Edition. Rowohlt.

Kant, I. (1964). Grundzüge zur Metaphysik der Sitten (1785). In: Kants Gesammelte Schriften, Bd. 4. Berlin: Königlich Preußische Akademie der Wissenschaften.

Noller, J. (2019): Heideggers Begriff der Zeitlichkeit. https://www.youtube.com/watch?v=O183v-kVevTc. Zugriff am 25.07.2021.

Plessner, H. (1928): Die Stufen des Organischen und der Mensch. In: Ders. (1981): Gesammelte Schriften Bd. IV. Hg. von Günther Dux, Odo Marquard, Elisabeth Ströker. Frankfurt a.M.: Suhrkamp. S. 419–425.

Ricardo, D. & Bondi, G. (1979). Über die Grundsätze der politischen Ökonomie und der Besteuerung. In Akademie Verlag eBooks. http://ci.nii.ac.jp/ncid/BA23055785.

Schwank, I. (2003): Einführung in prädikatives und funktionales Denken. In ZDM Mathematics Education 35. S. 70–78 (2003). https://doi.org/10.1007/s11858-003-0002-5.

Vogd W. (2020): Quantenphysik und Soziologie im Dialog – Betrachtungen zu Zeit, Beobachtung und Verschränkung. Springer Spektrum. https://doi.org/10.1007/978-3-662-61857-8.

Vogel, M. (2001): Medien der Vernunft – Eine Theorie des Geistes und der Rationalität auf Grundlage einer Theorie der Medien. Suhrkamp Berlin.

Medien 3

Zur Definition eines möglichen Mediums, welches die reziprok-ambivalente Fähigkeit des menschlichen Denkens unterstützt, sollte zuerst geklärt werden, was in diesem Werk unter einem Medium zu verstehen ist. „Entscheidend ist also, dass es sich bei Medien um Mittel handelt zur Formulierung von Gedanken, Gefühlen, Inhalten sowie von Erfahrungen über die Welt" (Hickethier, 2010, S. 19).

Diese mithilfe von Medien unterstützte Formulierung von Gedanken, Gefühlen, Inhalten und Erfahrungen, gehen mentale Gegenstände voraus, die im Geist der Menschen gebildet werden und in ein System von vorhandenen geistigen Konstrukten eingegliedert werden. Diese sind wiederum Ergebnisse der Wahrnehmung und Interaktion mit der Welt sowie innerer Prozesse. Es sind mentale Repräsentation der Gegenstände der Welt im Geist. (vgl. Fischer, 2008, S. 231) Dies geschieht innerhalb eines historischen Prozesses der Anpassung der eigenen Wirklichkeiten.

So kann man von geistigen Mitteln der Formulierung von Gedanken, Gefühlen, Inhalten sowie Erfahrungen über die Welt sprechen und von technischen Mitteln, die zur Vermittlung innerhalb einer individuellen, sozialen und historischen Abhängigkeit von Wirklichkeiten dienen. Dabei gibt es einen reziprok-ambivalenten Zusammenhang zwischen den Wirklichkeiten der Menschen und der sie umgebenden Umwelt. Der reziproke Charakter des menschlichen Denkens ist gerade in der Arbeit mit Medien von besonderer Bedeutung, da sie dabei helfen, Gedanken, Gefühle, Inhalte und Erfahrungen außerhalb des Geistes abzulegen, zu übertragen und anderen Menschen zu übermitteln. Medien sind somit dem menschlichen Denken näher als andere Mittel.

In einem Experiment wurde festgestellt, dass sich die Köperwahrnehmung von Menschen bei der Benutzung von Werkzeugen verändert, ebenfalls Mittel, die Menschen nutzen. Bei den Teilnehmern am Experiment, änderte sich die wahrgenommene Armlänger während und auch nach der Nutzung von Werkzeugen. Die Autoren schlossen daraus, dass Menschen Werkzeuge als Teil Ihres Körpers wahrnehmen (vgl. Cardinali et al., 2009). Die Mittel zur Interaktion mit der Welt, werden in einer geistigen Konstruktion, zu einem Teil unseres Denkens. Medien sind spezielle Mittel zur Interaktion mit der Welt und uns selbst, im Sinne der Selbstreflexion. Friedrich Kittler beschreibt in einem Vortrag im Rahmen des Bochumer Kolloquiums Medienwissenschaft, wie viel Einfluss Medien auf das Denken der Menschen haben können. Dabei beschreibt er, wie es Thomas von Aquin durch die Nutzung von Codices möglich wurde, Seiten nebeneinander zu legen, wodurch er Bereiche das neuen und das Alten Testaments mit den Werken Aristoteles, ganz neu ins Verhältnis setzen konnte. Dadurch gelang es ihm, Parallelen zwischen dem Gottesbild des Christentums und dem Gottesbild in Aristoteles Werken zu belegen (vgl. tv RUB Redaktion, 2011, 00:11:43–00:12:01). Dies trug zu einem neuen Verständnis der Antike im christlichen Denken bei. Hierbei zeigt sich, dass die technischen Grenzen der Möglichkeiten der Medien, die Grenzen unseres Denkens beeinflussen bzw. gar bestimmen. Vor den Codices wurden Schriftrollen verwendet und diese waren nicht dazu geeignet, eine Gegenüberstellung von Gedanken zu ermöglichen, die auf Medien gebannten waren. „Medien affizieren, prägen und intensivieren die Wahrnehmung, modulieren Aufmerksamkeiten und wirken damit auch auf Verhältnisse der Menschen zu sich, zu anderen und zur Welt ein." (Magerski, 2019, S. 187).

Es gibt verschiedene Arten von Medien. Da wären Medien der Beobachtung, Medien der Speicherung und Bearbeitung, Medien der Übertragung und Medien der Kommunikation. Die Medien der Beobachtung, wie Brillen, dienen der Steigerung der menschlichen Wahrnehmung. Medien der Speicherung und Bearbeitung dienen dazu, Informationen außerhalb des Geistes zu bewahren und sie den eigenen Gedanken entsprechend zu verändern. Medien der Übertragung dienen dazu, Informationen über längere Entfernungen zu transportieren. Medien der Kommunikation dienen dazu, Kommunikation zwischen mehreren Menschen zu ermöglichen. All diese Medien realisieren bestimmte Funktionen, die die genannten Ziele der Beobachtung, Speicherung und Bearbeitung, Übertragung und Kommunikation ermöglichen (vgl. Hickethier, 2010, S. 21 f.) Es zeigt sich, dass der Begriff „Medium" sehr komplex und vielschichtig ist und viele verschiedenartige Mittel der Interaktion mit der Welt und uns selbst benennt. Dieses Werk konzentriert sich vor allem auf die Medien der Speicherung und Bearbeitung.

Der Computer als Medium stellt eine Besonderheit unter den Medien dar, da es mit dem Computer möglich wird, unterschiedliche Medien vielfältig zu kombinieren, beispielsweise Texte mit Videos. Dadurch verwischen die Grenzen zwischen Medien sehr viel stärker als vor der Zeit des Computers. Der Begriff Medium scheint in Bezug auf Computer zu kurz zu greifen (vgl. Kittler, 1986, S. 8). Ein Computer arbeitet mit Programmen, die aus ihm ein Medium machen, dessen Funktionen ständig erweitert bzw. verändert werden können. Diese Programme stellen abstrakte Beschreibungen von Werkzeugen dar, die im Computer zu konkreten Werkzeugen werden, die bestimmte Aufgaben erledigen. Damit besteht ein Computer zur Laufzeit, also wenn er genutzt wird, aus vielen Werkzeugen, die nachgeladen werden und sich je nach Nutzungsintention ändern können (vgl. Kittler 2002, S. 260). So kann ein Programm genutzt werden, mit dem Texte verfasst werden können oder ein Programm, mit dem Emails empfangen, geschrieben und versandt werden können. Man könnte von einem Medium sprechen, welches Information und Funktion auf eine sehr vielfältige Art und Weise kombinieren kann, ein digital, funktional variables Medium.

Dadurch werden aber Konzepte durch die Programme an bestimmte Funktionen gebunden, wie der Funktion des Versendens bei Emails oder die Initiierung der Rechtschreibkorrektur bei Texten. Dies führt auch dazu, dass die Konzepte bestimmte feste Eigenschaften aufweisen müssen, wie Sender und Empfänger bei Emails. Das aber schränkt die Möglichkeiten der Problemlösung durch Menschen ein, aufgrund der sogenannten funktionalen Fixierung. Diese konnte in einem Experiment nachgewiesen werden, bei dem eine Kerze an der Wand befestigt werden soll, ohne dass Wachs auf den Boden tropft. Um die Aufgabe zu bewältigen, stehen nur eine Kerze, Streichhölzer und eine Schachtel voller Reißnägel zur Verfügung. Die Lösung besteht darin, die Packung mit Reißnägeln zu entleeren und mit zwei Reißnägeln an der Wand zu befestigen. Dann kann die Kerze mit Wachs in der Schachtel befestigt werden und tropft anschließend in die Schachtel und nicht auf den Boden. Dafür muss aber das Konzept der Schachtel für Reißnägel geistig gewandelt werden, in ein Konzept der Befestigung für die Kerze, welches das Wachs auffangen kann. Die funktionale Fixierung erschwert bzw. verhindert solche Abstraktionsschritte. Sie reduziert die Fähigkeit der Menschen, Problemlösungen zu erarbeiten (vgl. Frank, M.C., Ramscar, M., 2003). Digitale Medien mit ihrer festen Bindung von Informationen an Funktionen und an bestimmte Eigenschaften, führen zu einer Verstärkung des Problems der funktionalen Fixierung.

Ein weiteres Problem in dieser engen Verbindung zwischen Funktion und Information, ergibt sich aus dem sogenannten representational Bias. Der representational Bias ist das Potential einer Repräsentation, bestimmte Konzepte auf eine vordefinierte und begrenzte Art und Weise darzustellen. Er zeigt sich sehr anschaulich beim sogenannten Process Mining. Dabei werden aus tatsächlichen Abläufen von Programmen, mithilfe der Protokollierung dieser Abläufe, automatisiert Prozessdiagramme erzeugt. Diese können dann mit im Vorfeld erstellten Prozessdiagrammen verglichen werden. So kann die Planung der Funktionsweise von Programmen, mit der tatsächlichen Umsetzung verglichen werden bzw. es können Schwachstellen in der Umsetzung bzw. Planung leichter ermittelt werden. Dabei gibt es verschiedene Notationen, mit deren Hilfe die Diagramme erzeugt werden. Diese Notationen folgen bestimmten Regeln. Sie enthalten grafische Elemente, die eine vordefinierte Bedeutung haben, wie eine Aktivität, die einen Arbeitsschritt repräsentiert oder Gateways, die Bedingungen repräsentieren, die erfüllt sein müssen, damit Arbeitsschritte folgen können. Manche Notationen können keine parallelen Abläufe darstellen, sondern nur sequenzielle. Damit sind sie nur für die Darstellung bestimmter Prozesse geeignet, für andere nicht. Die Repräsentation beschränkt die Möglichkeiten der Darstellung von Konzepten und damit die Möglichkeiten des Umgangs mit diesen Konzepten (vgl. van der Aalst, 2016, S. 183). Diese Beschränkung ist aber notwendig, um die angestrebte Verbindung zwischen Information und Funktion so zu erreichen, dass sowohl der Mensch als auch die Maschine diese überhaupt mit Hilfe von Medien interpretieren und zielgerichtet nutzen können. Man könnte hierbei von einer Art repräsentationalen Geschlossenheit der Konzepte zur Gewährleistung bzw. Unterstützung des zielgerichteten Denkens sprechen. Es birgt aber die Gefahr der funktionalen Fixierung, sodass eine Reaktion auf unerwartete oder sich verändernde Kontexte erschwert wird. Es zeigt sich der reziprok-ambivalente Charakter des menschlichen Denkens im Umgang mit der Welt. Zum einen soll eine nutzenorientiere Arbeit möglich sein, zum anderen aber auch eine flexible Anpassung an die Situation und den Kontext. Eine Möglichkeit ist es, Repräsentationen flexibler zu gestalten, um sie geistig an den jeweiligen Kontext anpassen zu können, in dem man sich momentan befindet. Das Problem der digitalen Medien ist die feste Bindung von Information, Struktur dieser Information und möglichen Funktionen, denen die Informationen zugeführt werden können. Man kann zwar verschiedene Programme verwenden, doch stellen diese nur bestimmte Bindungen zur Verfügung. Werden andere benötigt, ist das in der Situation, in der sie notwendig sind, nicht möglich. Es fehlt die Flexibilität, Repräsentationen intuitiv an den Kontext der Nutzer:innen dieser Repräsentationen anzupassen. Die Fähigkeit der strukturellen und funktionalen Neudefinition durch mit Informationen arbeitende Menschen, könnte man konstruktivistische Mutabilität nennen, die digitale Medien erfüllen müssen, um den reziprok-ambivalenten Charakter des menschlichen Denkens ganzheitlich zu unterstützen.

Das Problem der funktionalen Fixierung bzw. des representational Bias, soll anhand eines Gedankenspiel dargestellt werden, welches unabhängig von digitalen Medien ist, die die Probleme aus beiden Phänomenen lediglich verstärken, aber nicht hervorrufen.

Ein:eine Schüler:in soll die folgende mathematische Sachaufgabe lösen
Bauer Huber hat in seinem Stall 8 Kühe stehen. Diese Kühe liefern ihm in der Woche 1000 l Milch. Wie viele Kühe müssen in Bauer Hubers Stall stehen, damit er 100.000 l Milch im Jahr erzielt?

Er:sie hat dafür ein Aufgabenblatt auf ihrem Tisch liegen, auf dem er:sie die Lösung der Aufgabe eintragen soll. Außerdem hat er:sie ein weiteres Blatt für die Ausarbeitung einer Lösung zu der Aufgabe. Er:sie beginnt auf dem Blatt für die Ausarbeitung der Lösung, Bilder von 8 Kühen auf einer Wiese zu zeichnen. Dann schreibt er:sie neben die Kühe erfundene Namen. In seinem:ihrem Geist entfaltet sich eine Geschichte zu den Kühen. Unter dem Bild, auf der unteren Hälfte des Zusatzblattes, schreibt er:sie die mathematischen Bestandteile der Aufgabe heraus, also 8, 1000 l, 100.000 l, gegeben und gesucht sowie einen Dreisatz zur Lösung der Aufgabe. Im Geiste verbindet er:sie die 8 mit seiner:ihrer geschaffenen Szenerie der Zeichnung. Er:sie erarbeitet das Ergebnis und notiert „16 Kühe" auf dem Aufgabenblatt. Als er:sie beide Blätter seiner:ihrer Lehrer:in überreicht, wird er:sie von dem:der Lehrer:in ermahnt, dass er:sie durch das Zeichnen der Bilder, gegen Regeln verstoßen hat und deshalb Punktabzug bekommen wird. Der:die Schülerin beschwert sich aufgebracht, dass er:sie durch das Zeichnen einen persönlichen Bezug zur Aufgabe hergestellt hat und so die Aufgabe leichter lösen konnte. Hätte er:sie ein weiteres Blatt Papier gehabt, hätte er:sie dieses für die Zeichnung genutzt, aber ihm:ihr stand nur das zweite Blatt Papier zur Verfügung. Durch den persönlichen Bezug falle es ihm:ihr leichter, Themen zu verstehen und an ihnen zu arbeiten. Der:die Lehrer:in lässt dies nicht gelten und schickt den:die Schüler:in zurück an seinen:ihren Platz. Er:sie setzt sich frustriert und enttäuscht an seinen:ihren Platz.

In der Geschichte zeigen sich die Phänomene der funktionalen Fixierung und des representational Bias ganz deutlich und auch ein möglicher Ansatz des Umgangs mit den Phänomenen kann abgeleitet werden. In der Geschichte wird vorgegeben, welches Medium für was verwendet werden soll. Der:die Lehrer:in sanktioniert die scheinbar falsche Verwendung der Medien durch den:die Schüler:in. Er:sie erweitert die Prozesse und die Strukturen der Informationen um die Zeichnungen und die Erfindung der Namen für die Kühe. Durch die zweckfremde Verwendung des Aufgabenblattes als Leinwand, auf der er:sie ihre persönlichen Gedanken zur Sachaufgaben repräsentieren konnte, will der:die Schüler:in mehr geistige Flexibilität im Umgang mit den Informationen erreichen. Er:sie gestaltet die Repräsentationen flexibler, als es der Diskurs erlaubt, in dem er:sie sich befindet.

Der:die Lehrer:in fordert den representational Bias ein und auch die funktionale Fixierung auf die Prozesse der Lösung einer mathematischen Sachaufgabe, die vorgegeben werden.

Von besonderer Bedeutung für diese Arbeit ist der Begriff der Personal Information Management (PIM). Dabei geht es darum, Informationen zu erzeugen, speichern, organisieren, zu pflegen, wiederzufinden, zu nutzen und weitergeben. Diese Tätigkeiten sollen mit verschiedensten Informationsformen erledigt werden können (Papier, digital, E-Mails, Dateien, Webseiten, Textnachrichten, Tweets, Posts usw.). Die Tätigkeiten sollen im Rahmen der vielen Anforderungen des täglichen Lebens möglich sein (vgl. Jones et al., 2018).

Im Folgenden soll ein Medium definiert werden, welches die konstruktivistische Mutabilität besser unterstützt, also die intuitive und individuelle geistige Veränderung von Konzepten und möglichen Anwendungen dieser Konzepte. Gleichzeitig soll das Medium aber auch die repräsentationale Geschlossenheit für zweckorientiertes und zielgerichtetes Arbeiten unterstützen und beide ambivalenten Seiten des Denkens, anreichernd miteinander verbinden. Dadurch wird ein ambivalent-reziprokes Medium definiert, welches das ambivalent-reziproke Potential des menschlichen Denkens unterstützt. Einfacher ausgedrückt, soll ein Medium definiert werden, welches es erlaubt, die Mischung aus Widerspruch und Exaktheit forderndem Denken, das Menschen auszeichnet, besser aufzubewahren und wiederzuverwenden. In den folgenden Kapiteln wird zu einem Anforderungskatalog für ein solches Medium hingeführt der durch Use Cases der praktischen Arbeit mit einem solchen Medium ergänzt wird.

Im Moment richten sich das akademische Interesse hauptsächlich auf Medien, die etwas über Personen aussagen, dass für bestimmte Zwecke genutzt werden kann und nicht auf Medien, die es Menschen ermöglichen, mehr über sich und ihre Umwelt auszusagen, dass sie auch langfristig nutzen können (vgl. Velitchkov, 2023). Deshalb liegt der Fokus der nächsten Kapitel auch auf einer möglichst wissenschaftlichen Fundierung eines Anforderungskataloges für ein Medium für Menschen und nicht über Menschen. Wenn Medien die reziprok-ambivalente Fähigkeit des menschlichen Denkens direkt unterstützen sollen, indem sie es ermöglichen, Artefakte dieser Fähigkeit zu erfassen, abzulegen und zu kommunizieren, kann man vom reziprok-ambivalenten Unterstützungspotential von Medien sprechen. Dieses Werk soll ein Konzept für ein Medium liefern, welches dieses Potential umsetzen kann. Im folgenden Kapitel werden die verschiedenen Unterstützungspotentiale vorgestellt, die ein Medium ermöglichen, welches die Neurodiversität menschlichen Denkens ganzheitlicher unterstützt als vorhandene Medien. Dabei stellt das reziprok-ambivalente Unterstützungspotential eine Art Verbindungsglied dar, welches dabei hilft, die Widersprüchlichkeit der anderen Potentiale nicht nur im Kopf anreichernd zu verbinden, sondern auch zu erfassen, abzulegen und zu kommunizieren, mithilfe eines Mediums.

Literatur

Cardinali L. et al. (2009): Tool-use induces morphological updating of the body schema. In Current Biology Vol 19 No 12. S. 478–479. https://doi.org/10.1016/j.cub.2009.06.048.

Fischer, E. (2008): Bildung im Förderschwerpunkt geistige Entwicklung. Bad Heilbrunn: Klinkhardt.

Frank, M. C. & Ramscar, M. (2003). How do presentation and context influence representation for functional fixedness tasks?, https://www.sfs.uni-tuebingen.de/~mramscar/papers/2003_ramscar_fixedness.pdf, Zugriff am 15.08.2023.

Hickethier, K. (2010): Einführung in die Medienwissenschaft. 2. Auflage. Metzler. https://doi.org/10.1007/978-3-476-00514-4.

Jones, W. et.al (2018): Personal Information Management. In McDonald, J.D., & Levine-Clark, M. (Eds.). (2017). Encyclopedia of Library and Information Sciences (4th ed.). CRC Press. https://doi.org/10.1081/E-ELIS4.

Kittler, F (2002): Short cuts. Frankfurt a. M.

Kittler, Friedrich (1986): Grammophon, Film, Typewriter. Brinkmann & Bose Berlin.

Magerski, C. (2019): Literatur und Medien. in Literatursoziologie: Grundlagen, Problemstellungen und Theorien. Springer VS, Wiesbaden. https://doi.org/10.1007/978-3-658-22292-5_9.

tv RUB Redaktion (User) (2011): Friedrich Kittler: Ontologie der Medien. https://www.youtube.com/watch?v=W-yV8igrfxo. 00:11:43 – 00:12:01, Zugriff am 24.03.2020.

van der Aalst, W. (2016): Process Mining: Data Science in Action (2. Aufl.). Springer. Heidelberg. https://doi.org/10.1007/978-3-662-49851-4.

Velitchkov, I. (2023): Introduction. In Velitchkov, I., Anadiotis, G. (2023): Personal Knowledge Graphs: Connected thinking to boost productivity, creativity and discovery. Exapt Press (eBook).

Personal Knowledge Graph (PKG) 4

Es stellt sich die Frage, ob es Medien gibt, die es ermöglichen, persönliche Gedanken dauerhaft so miteinander zu verbinden, dass sie abgelegt, verwendet und kommuniziert werden können, und zwar zu jedem beliebigen Thema und noch dazu mit persönlichem Bezug.

Im Jahr 1945 formulierte Vannevar Bush das Konzept eines Memex. Es stellt ein Medium dar, das es ermöglicht, private Informationen so abzulegen und zu vernetzen, dass sie erhalten bleiben und später wiedergefunden werden können. Dabei können auch Informationen, die öffentlich sind oder nur für bestimmte Gruppen zugänglich sind, in die Vernetzung von Informationen aufgenommen werden (vgl. Bush, 1945).

Personal Knowledge Base (PKB) sind Softwarelösungen, die das bieten sollen, was ein Memex verspricht. Bei einem PKB geht es darum, die Arbeit mit Informationen, die uns alltäglich beschäftigen, medial abzulegen, wiederzufinden sowie weiterzuverwenden, und zwar themenübergreifend, wachsend und langfristig. Die Informationen sollen wie intuitive Assoziationen im System aufgenommen werden können. Es sollen öffentlich oder für bestimmte Gruppen verfügbare Informationen mit persönlichen Gedanken, Interpretationen oder Meinungen in Bezug gesetzt werden können auf eine bleibende Art und Wiese. Dies dient dazu, Wissen zu schaffen, aufzubewahren, langfristig zu nutzen, zu organisieren und wiederzufinden. So entsteht hybrides, gespeichertes Wissen, kombiniert aus öffentlichen Informationsquellen und persönlichen Anmerkungen (vgl. King et al., 2005).

Bei den meisten verfügbaren PKBs, liegt der Fokus auf dem Verfassen und Vernetzen von Dokumenten bzw. Notizen und deren Anreicherung mit externen Medien, wie PDF-Dokumenten oder Bildern. Einzelne Tools bieten vordefinierte komplexe Definition von Gegenständen mit Eigenschaften, die vernetzt werden können. Dies sind beispielsweise Notizen, Emails, Projekte, Anleitungen, die miteinander in Bezug gesetzt werden können. Diese Gegenstände können mit Metadaten angereichert werden, wie Absender, Empfänger oder Dauer (vgl. King et al.,

2005; Short, 2024; slant.co, o. D.). Häufig werden diese Lösungen Note-Taking Tools genannt (vgl. Velitchkov, 2023).

Ein Teilbereich der PKBs sind Personal Knowledge Graphs (PKGs). Diese zeichnen sich dadurch aus, dass sie es ermöglichen, Informationen strukturiert anhand von Attributen und Beziehungen zueinander abzulegen und zu nutzen. Die strukturierten Informationen werden als Fakten bezeichnet und in Form einer Graphen-Struktur abgelegt, der Verbindung von Knoten und Kanten. Dabei sind die Knoten die Fakten und die Kanten die Beziehungen zwischen den Fakten. Ein Projekt stellt dabei beispielsweise einen Knoten dar, eine Aufgabe einen zweiten. Die Beziehung zwischen den beiden Knoten deutet an, dass die Aufgabe ein Teil des Projektes ist. Diese Strukturen können sowohl durch Individuen erweitern als auch maschinell Weiterverarbeitung verändert werden. Recommender-Systemen können das passende Trainingsprogramm finden oder persönliche, medizinische Daten, gezielt und sicher an Ärzte weitergeben (Vgl. Skjæveland et al., 2024). Sie unterscheiden zwischen öffentlichen und privaten Fakten. Die privaten Fakten können mehr oder weniger stark den öffentlichen Fakten widersprechen, da sie Meinungen oder Vorstellungen des Individuums abbilden. Es entsteht ein ambivalentes Spannungsfeld zwischen eindeutigen öffentlichen Fakten und mehrdeutigen persönlichen Meinungen und Vorstellungen, die gemeinsam interpretierbar bleiben müssen. Die Lösungen dienen dazu, Abstraktion zu erleichtern und Weiterverarbeitung in Form von maschinellen Prozessen zu ermöglichen, wie Suche, Gruppierung, Filterung, Berechnung, Transformation und Integration. Sie dienen aber auch dazu, diese Strukturen themenübergreifend und fortlaufend erweitern zu können, auch unerwartet.

Personal Information Management (PIM) ist die übergeordnete Wissensdomäne, der PKGs zugeordnet werden können. Bei PIM und PKGs tritt Ambivalenz und gleichzeitig definierte Bindung hervor, die Medien besser unterstützen müssen, um dem Konzept eines Memex nahe kommen zu können. Informationen, die im Zuge des Personal Information Management entstehen, haben das Ziel, einen Sinn für die entsprechende Person zu ergeben, die Personal Information Management betreibt. Dabei geht es um Interpretation und Intuition. So entstehen ungenaue Informationsstrukturen, die sich widersprechen können, inkonsistent und redundant sind und gleichzeitig nutzen- und zielorientiert bleiben müssen, um langfristig verwendet werden zu können. Beim Personal Knowledge Graph besteht die Sinngebung in expliziten und exakten Repräsentationen von Informationen (vgl. Skjæveland et al., 2024). Der reziprok-ambivalente Aspekt des menschlichen Denkens muss dabei in zukünftigen Medien in Form einer medialen Unterstützung realisiert werden, damit sowohl die persönliche Exploration als auch die formale Abstraktion und maschinelle Weiterverarbeitung in beliebigen Zusammenhang gesetzt werden kann.

Das in dieser Arbeit in späteren Kapiteln vorgestellte Medium, lässt sich dem Teilbereich der PKGs zuordnen. Dabei liegt der Fokus wesentlich auf dem Aspekt der ambivalent-reziproken Integration und Veränderung von Fakten, sodass ganzheitliche, ambivalente und reziproke Modelle der Wirklichkeit entstehen, die maschinell weiterverarbeitet werden können.

Die existierenden Lösungen befassen sich hauptsächlich mit dem Thema der Integration von öffentlichen und persönlichen Fakten über den Umweg von persönlichen Ergänzungen zu öffentlichen Fakten und der maschinellen Schaffung von Fakten anhand der Analyse von unstrukturierten Informationen, wie Suchanfragen oder Chat-Protokollen. Dadurch entstehen Fakten in Form von Eigenschaften, die maschinell verarbeitet werden können, wie einer Person zugeordnete Blutdruckwerte. Durch diese werden öffentliche Fakten, die aus öffentlichen Quellen stammen automatisiert angereichert. Der Zugriff auf die so entstehenden Informationsstrukturen bleibt für den einzelnen Menschen passiv (vgl. Skjæveland et al., 2024). Die in dieser Arbeit vorgestellten Konzepte sollen es einem Menschen ermöglichen, dabei eine aktivere Rolle bei der Schaffung und Änderung von maschinell verarbeitbaren Fakten einzunehmen.

Literatur

Bush, Vannevar (1945): As We May Think. In The Atlantic Monthly, July 1945.

King, R., Davies, S., Velez-Morales, J. (2005): Building the Memex Sixty Years Later: Trends and Directions in Personal Knowledge Bases; CU-CS-997–05.

Short, J. (2024): The 12 Best Knowledge Base Software (2024). https://www.helpscout.com/blog/knowledge-base-software/. Zugriff am 29.02.2024.

Skjæveland, M.G., Balog, K., Bernard, N. et.al (2024): An ecosystem for personal knowledge graphs: A survey and research roadmap. In AI Open 5 (2024). S. 55-69.

slant.co (o.D.): What are the best knowledge base systems for personal use?. https://www.slant.co/topics/4962/~knowledge-base-systems-for-personal-use. Zugriff am 29.02.2024.

Velitchkov, I. (2023): Introduction. In Velitchkov, I., Anadiotis, G. (2023): Personal Knowledge Graphs: Connected thinking to boost productivity, creativity and discovery. Exapt Press (eBook).

Der Zettelkasten von Niklas Luhmann 5

Ein Vertreter, der dem Bereich des Personal Knowledge Graph zugeordnet werden kann, wurde in analoger Form von Niklas Luhmann geschaffen (vgl. Velitchkov, 2023). Er nannte das Medium Zettelkasten. Der Zettelkasten diente dazu, seine Gedanken und Ideen festzuhalten und wiederzuverwenden. Luhmann nutzte ihn von 1952 bis 1997. Der Zettelkasten umfasst ca. 90.000 Zettel mit Notizen darauf (vgl. Henning, 2024). Luhmann selbst spricht von einem "auf Dauer angelegten, offenen, thematisch nicht begrenzten (nur sich selbst begrenzenden) Kommunikationssystems" (Luhmann, 1981).

Der Zettelkasten besteht aus einem Schrank mit ausziehbaren Fächern für Notizen im A6-Format. Die Ordnung der Notizen in den Fächern ist von Inhaltlichen Zusammenhängen gelöst. Die Notizen tragen eine eindeutige Nummer, die gut sichtbar auf den Notizen angebracht ist. Die nächste Notiz erhält eine neue fortlaufende Nummer. Wurde später eine Notiz geschrieben, die einen Gedanken einer früheren Notiz weiterführt, erhielt sie eine untergeordnete Nummerierung: 1,1 -> 1,1a und wurde nach der Notiz mit der Nummer 1,1 eingeordnet. Auf den Notizen können Querverweise auf Notizen mit ähnlichen oder zum Thema passenden Informationen eingetragen sein. So entstand eine sich an den Gedankengängen Luhmanns orientierende und sich ständig ändernde Sammlung von Notizen, die assoziativ miteinander verbunden sind. Luhmann schrieb davon, dass die Loslösung der Struktur von inhaltlichen Zusammenhängen, die Komplexität so weit reduziert, dass damit erst der "Aufbau hoher Komplexität im Zettelkasten und damit seine Kommunikationsfähigkeit" (Luhmann, 1981) ermöglicht wird. Die Kommunikationsfähigkeit besteht vor allem darin, dass der Zettelkasten genutzt wird für Eintragungen und Abfragen. Dabei spielen auch die Beziehungen zwischen den Notizen eine wichtige Rolle, um unerwartete Gedankengänge zu schaffen. Der Zettelkasten wurde so zu einem Kommunikationspartner für Luhmann, der überrascht und dadurch die Kommunikation verändert (vgl. Luhmann, 1981).

Die Loslösung der Inhalte von der Struktur, die ständige interaktive Reorganisation der Inhalte, die Vernetzung der Inhalte über Verweise und Rückverweise, sowie die assoziative Navigation durch die Notizen, führt zu einem dem individuellen Denken besser angepasstes Medium als andere Medien.

Literatur

Henning, R. (2024): Der digitale Zettelkasten. https://aktuell.uni-bielefeld.de/2022/04/04/der-digitale-zettelkasten/. Zugriff am 20.07.2024.

Luhmann, N. (1981): Kommunikation mit Zettelkästen. In Baier H. et.al. Öffentliche Meinung und sozialer Wandel/Public Opinion and Social Change. S. 222–228.

Velitchkov, I. (2023): The Personal Knowledge Graph of Niklas Luhmann. In Velitchkov, I., Anadiotis, G. (2023): Personal Knowledge Graphs: Connected thinking to boost productivity, creativity and discovery. Exapt Press (eBook).

Die Potentiale eines möglichen reziprok-ambivalenten Mediums 6

Im Folgenden sollen zentrale medialen Unterstützungspotentiale beschrieben werden, die die Basis für reziprok-ambivalentes Medium darstellen. Unter Unterstützungspotentialen werden Eigenschaften von Medien verstanden, die es dem Menschen ermöglichen, Gedanken, Ideen und Vorstellungen auf bestimmte Arten und Weisen zu erfassen, zu speichern, zu bearbeiten, zu übertragen und zu kommunizieren. Die verschiedenen Potentiale unterstützen dabei unterschiedliche Aspekte des Denkens. Sie ermöglichen es, den Blick auf Medien zu richten, weg von der Einteilung in Arten des Denkens, denn das Denken ist viel zu groß, um direkt betrachtet zu werden. Dabei können fünf Potentiale identifiziert werden. Diese sind folgende:

- Das (formal-)deskriptive Potential
- Das assoziative Potential
- Das prozessuale Potential
- Das explorative Potential
- Das ambivalente Potential

Die Potentiale wurden vom Autor während der jahrelangen Arbeit mit dem von ihm entwickelten System und einer dahinterstehenden möglichen Medientheorie identifiziert, welche diese fünf Potentiale ganzheitlich miteinander kombiniert. Evtl. ist dies nur ein Auszug weiterer Potentiale, die Medien ganzheitlich verwirklichen sollten, um das menschliche Denken wie ein zweites Gehirn unterstützen zu können. Eine Brille realisiert beispielsweise andere Potentiale, um Gedanken, Ideen und Vorstellungen verändert wahrzunehmen. Die fünf Potentiale dienen vor allem der Bearbeitung und Speicherung von Informationen auf eine Art und Weise, die eine umfassenden Umgang mit Gedanken, Ideen und Vorstellungen ermöglicht. Dabei steht der ganzheitliche Charakter der Kombination der Potentiale im Zentrum.

Im Folgenden sollen die fünf Potentiale einführend beleuchtet werden, um sie in späteren Kapiteln anhand von Beispielen der Software und einem erarbeiteten Anforderungskatalog, näher zu beleuchten. Die Einführung der einzelnen Potentiale soll mithilfe der Sachaufgabe des vorherigen Kapitels erfolgen:

Bauer Huber hat in seinem Stall 8 Kühe stehen. Diese Kühe liefern ihm in der Woche 1000 l Milch. Wie viele Kühe müssen in Bauer Hubers Stall stehen, damit er 100.000 l Milch im Jahr erzielt?

6.1 Das (formal-)deskriptive Potential

Das (formal-)deskriptive Potential ist eines von fünf medialen Unterstützungspotentialen, welche verschiedene teils widersprüchliche Aspekte des menschlichen Denkens in der medialen Arbeit unterstützen. Die fünf Potentiale dienen einer ganzheitlichen Betrachtung von teils widersprüchlichen Aspekten. Das (formal-)deskriptive Potential dient dazu, Medien zu befähigen, die nutzenorientierenden, ordnenden und planenden Fähigkeiten des menschlichen Denkens zu unterstützen.

Abstraktion und formale Modellbildung sind grundlegende Kulturtechniken, um die Welt um uns herum zu erfassen. „Der Vorgang der Abstraktion ist gekennzeichnet durch das stufenweise Heraussondern bestimmter Merkmale in der Absicht, das Gleichbleibende und Wesentliche verschiedener Gegenstände zu erkennen." (Conradi, 2004, S. 10) Der beschreibende Charakter der Abstraktion wird angedeutet sowie die Systematisierung des zu beschreibenden Gegenstandes durch einzelne Merkmale, die konkrete Einzeldinge zusammenfassen sollen. „Die Verwendung von Abstraktion als Methode befreit uns von dem Zwang, bei der Darstellung der Wirklichkeit auch Dinge zu repräsentieren, die uns nicht interessieren." (Schmitt, 1993, S. 38) Dabei liegt ein Zweck oder ein Nutzen zu Grunde, also eine Vorstellung davon, was durch die Abstraktion erreicht werden soll bzw. ein Mehrwert, der durch die Abstraktion entstehen soll. „Abstraktion verwenden wir immer auch dann, wenn die Realität zu komplex oder zu umfangreich ist, um sie zu erfassen oder zu manipulieren." (Schmitt, 1993, S. 38) Hier wird der Aspekt der Erfassung und Manipulation einer bestehenden Wirklichkeit beschrieben und die Notwendigkeit, das Erfasste zu vereinfachen, um es zu verstehen oder nutzen zu können, um die Welt zu verändern. Die Modellierung soll mithilfe der Abstraktion zu Modellen führen. Ein Modell ist dabei ein Gegenstand, der eine Menge von Eigenschaften zusammenfasst, „… dessen Mitglieder und deren Verknüpfung eine durch Axiome beschriebene abstrakte Struktur besitzen." (Conradi, 2004, S. 217) Das Modell besitzt eine Struktur, die bestimmten Regeln unterliegt, wie sie aufgebaut zu sein hat. Modelle sind bleibende Repräsentation von Abstraktionen, sobald sie mithilfe von Medien festgehalten, erfasst und kommuniziert werden. „Jedes Modell erfordert eine Reihe von Übereinkünften oder Konventionen, um effektiv damit arbeiten zu können. Je höher der Abstraktionsgrad, desto mehr Konventionen sind einzuhalten." (Schmitt, 1993, S. 38) Es kommen die Aspekte der Korrektheit und Vollständigkeit ins Spiel und vor allem ein Zusammenhang zwischen Abstraktionsgrad, Komplexität und dem stärker werdenden selektiven Charakter von Regeln.

Bezogen auf das Beispiel mit der mathematischen Sachaufgabe bedeutet dies, dass der:die Schüler:in verschiedene Aspekte aus dem Text herausarbeiten muss, die mathematisch von Bedeutung sind, wie Zahlen und Einheiten aber auch andere Aspekte, wie gegebene Werte und gesuchte Werte. Es soll ein formales Modell des Aufgabentextes entstehen, dass mathematisch und zielgerichtet genutzt werden kann. Es kommen Methoden und Regelwerke hinzu, wie die Arbeit mit Dreisätzen und die Reihenfolge der Bearbeitung. Dabei sind nur die Aspekte von Bedeutung, die für den Zweck der Lösung der Aufgabe als wahr, sinnvoll, notwendig und erwartet gelten.

Im Bereich der Unternehmensführung gibt es ein besonders passendes Beispiel zum deskriptiven Potential. Zur Unterstützung von Management-Entscheidungen, werden sogenannte Data Warehouse Systeme genutzt. Dabei stehen im Mittelpunkt Kennzahlen, also ein sehr hoher Grad an Abstraktion. Entscheidungen können damit in betriebswirtschaftlichen Kontexten schnell und zielgerichtet getroffen werden. Für diese Data Warehouse Systeme werden spezielle Medien verwendet, sogenannte Multidimensionale Datenbanken. Diese ermöglichen es, Kennzahlen mit beliebig vielen Dimensionen zu versehen, wie Jahr, Monat, Tag, aber auch Region oder Produktart usw. So können die Kennzahlen entsprechend einer Auswahl dieser Dimensionen so zusammengefasst werden, dass sie einen betriebswirtschaftlich zielgerichteten Blick auf einen kleinen Ausschnitt des Unternehmensgeschehens liefern. Durch Kombination der Dimensionen, können beispielsweise die Absatzzahlen eines Produkts innerhalb eines bestimmten Zeitraums und in einer bestimmten Region betrachtet werden. Den Entscheidungen, die unterstützt werden sollen, liegen bestimmte Fragestellungen zu Grunde, wie „Arbeiten unsere Werke in Land x profitabel?" Zur Vorbereitung der entsprechenden Entscheidungsgrundlage, mit der die Frage beantwortet werden soll, kombinieren Analysten die Dimensionen entsprechend der Fragestellung. Die multidimensionale Datenbank muss Eigenschaften besitzen, die die explorative Kombination von Dimensionen und Kennzahlen ermöglicht. Sie muss es ermöglichen, Kennzahlen mit beliebig vielen Dimensionen zu verknüpfen, Berechnungen durchzuführen, die die Kennzahlen so berechnen, dass sie zu der Auswahl der Dimensionen passen, und sie muss es ermöglichen, die Dimensionen für die explorative Analyse der Kennzahlen dynamisch zu kombinieren. Dafür müssen die Zahlen aus den Unternehmensprozessen anhand eines Regelwerkes vorbereitet bzw. vorberechnet werden (vgl. Farkisch, 2011).

Dabei kommt der Begriff der Datenqualität ins Spiel. Das bedeutet, dass die verwendeten Daten den zu betrachtenden Gegenstand so abbilden müssen, dass Eindeutigkeit, Genauigkeit, Vollständigkeit und Korrektheit vorliegt (vgl. Farkisch, 2011, S. 65).

Damit ergeben sich folgende Merkmale, die das deskriptive Potential verwirklichen sollen, um geistig eine entsprechende Unterstützung zu bieten:

- Abstraktion
- Formale Modellorientierung
- Regelhaftigkeit
- Zielorientierung
- Nutzenorientierung
- Vollständigkeit, Korrektheit, Eindeutigkeit

6.2 Das assoziative Potential

Das assoziative Potential ist eines von fünf medialen Unterstützungspotentialen, welche verschiedene teils widersprüchliche Aspekte des menschlichen Denkens in der medialen Arbeit unterstützen. Die fünf Potentiale dienen einer ganzheitlichen Betrachtung von teils widersprüchlichen Aspekten. Das assoziative Potential dient dazu, individuelle Verbindungen zwischen Informationen herzustellen und zwischen den Informationen zu navigieren, um neue Zusammenhänge entstehen zu lassen.

Assoziationen stellen Beziehungen zwischen geistigen Gegenständen dar. Vorstellungen werden miteinander verknüpft (vgl. Hofstätter, 1957, S. 89). Vannevar Bush stellte in einem Artikel in The Atlantic von 1945 ein Konzept für ein Gerät vor, welches dazu dienen sollte, Informationen miteinander in persönlichen Bezug zu setzen, wie Bücher, Aufzeichnungen, Kommunikationen oder Mikrofilme und so eine Erweiterung des menschlichen Gedächtnisses in medialer Form zu ermöglichen. Er nannte die hypothetische Maschine „Memex". Sie sollte Informationen assoziativ miteinander verknüpfen mithilfe sogenannter „Trails". Verschiedene Knöpfe sollten dazu dienen, die Inhalte zu durchsuchen, zwischen den Elementen zu navigieren, Elemente zu kommentieren, verknüpfen und zu teilen (vgl. Bush, 1945).

Assoziationen dienen auch dazu, unerwartet bzw. unübliche Verknüpfungen von Informationen zu ermöglichen. So wird es mögliche Perspektiven zu wechseln, um zu neuem Wissen zu gelangen (vgl. Funke, 2000). Dies zeigt sich auch in der Nutzung visueller Abbildungen von Assoziationen. Die visuelle Form der Darstellung ermöglicht die schnelle Erfassung komplexer Zusammenhänge. Sie spielt eine wichtige Rolle bei der Analyse von Beziehungsmustern (vgl. Brath und Jonker, 2015, S. 16). Dies deutet zusätzlich darauf hin, dass Assoziationen eine wichtige Rolle spielen in Bezug auf geistige Vorgänge.

Sogenannte Knowledge-Graphen ermöglichen die Arbeit mit Assoziationen in Form von Knoten und Kanten. Dabei repräsentieren Knoten beispielsweise Personen und Kanten Beziehungen zwischen den Personen. Die Knoten und Kanten entwickeln bei der Arbeit mit einem solchen Medium eine Bedeutung, die sie transportieren. Mithilfe solcher Medien wird eine erweiterbare, interdisziplinäres Informationsstruktur ermöglicht (vgl. Heist et al., 2021, S. 128).

Assoziationen und vor allem Medien, die die Nutzung von Assoziationen unterstützen, werden für folgende Beispiele verwendet:

- Analyse in der Strafverfolgung: Im Fokus dieser Analyse steht das Aufdecken von kriminellen Beziehungen zwischen Institutionen oder Personen. Es sollen Muster in den Strukturen sowie deren Veränderungen sichtbar gemacht werden, die vor der Nutzung des Mediums unbekannt waren (vgl. Cambridge Intelligence, 2023).
- Beziehungen bei Krankheitsausbreitungen: Hierbei geht es um die Verbindung von Aspekten, wie Infektionen, Hospitalisation bzw. Gesundung innerhalb eines zeitlichen Verlaufs (vgl. Rasim et al., 2021).
- Hierarchien (Analyse und Darstellung): Diese Form der Nutzung von Assoziationen in einer hierarchischen Struktur, soll organisatorische Strukturen untersuchen und darstellen oder ganz allgemein hierarchische Strukturen (vgl. Brath und Jonker, 2015).

Medien, die für diese Anwendungsfelder verwendet werden, sind beispielsweise Graph Datenbanken. Mit deren Hilfe können Beziehungsstrukturen abgespeichert, aber auch zur Analyse in der Darstellung und maschinellen Weiterverarbeitung genutzt werden, um Muster zu erkennen. Dabei kommen prozessuale Aspekte mit ins Spiel, die im nächsten Abschnitt etwas genauer betrachtet werden, wie die Filterung, Gruppierung, Gewichtung und vor allem die Navigation durch Beziehungsstrukturen (vgl. Singh et al., 2012).

Ein weiteres Beispiel für Medien, die auf die Abbildung von Assoziationen ausgelegt sind, liefern sogenannte large language models (LLMs), wie sie bei generativer AI verwendet werden. Diese arbeiten mit der Bestimmung der Wahrscheinlichkeit von auftretenden Wortfolgen. Diese Technik der künstlichen Intelligenz, wird Transformers genannt. Die verwendete Technologie kann damit natursprachliche Antworten auf menschliche Fragen geben, die den Eindruck von Intelligenz und Verstehen machen, obwohl sie rein auf statistischen Wahrscheinlichkeiten beruhen, welche Wörter am besten zusammenpassen. Dabei berechnet der Transformer im Schritt der Decodierung, welche Worte im auszugebenden Text mit einer bestimmten Wahrscheinlichkeit den bereits generierten Worten einer Antwort folgen. Grundlage dieser Wahrscheinlichkeitsrechnungen sind große Mengen an Texten, mit denen die Technologie vorher trainiert wurde. Die Technologie hat im Vorfeld die Struktur von Texten mathematisch „auswendig" gelernt, also die strukturelle Beziehung von Wörtern in sehr vielen Texten und nutzt diese gelernten Assoziationen zwischen den Wörtern, um eine neue Struktur zu berechnen und zu generieren. Deshalb spricht man auch von Generative AI (vgl. computerwoche.de, 2023).

In Bezug auf das Beispiel der Sachaufgabe hat die Schülerin Assoziationen zwischen Teilen des Textes und Zeichnungen bzw. Namen von Kühen hergestellt und medial abgelegt. Sie hat den Diskurs intuitiv und eigenständig mithilfe eines Mediums erweitert. Natürlich können auch die anderen Zusammenhänge über Assoziationen abgebildet werden. So könnte man sagen, dass der Text eine Struktur bildet, deren Strukturelemente Beziehungen untereinander realisieren, wie die Reihenfolge der Wörter im Text.

Es ergeben sich einige Eigenschaften des assoziativen Potentials:

- Herstellung von Beziehungen zwischen Informationen
- Erfassung komplexer und unbekannter Zusammenhänge
- Unerwartete bzw. interdisziplinäre Erweiterbarkeit
- Strukturelemente mit Bedeutung durch die Assoziation

6.3 Das prozessuale Potential

Das prozessuale Potential ist eines von fünf medialen Unterstützungspotentialen, welche verschiedene teils widersprüchliche Aspekte des menschlichen Denkens in der medialen Arbeit unterstützen. Die fünf Potentiale dienen einer ganzheitlichen Betrachtung von teils widersprüchlichen Aspekten. Das prozessuale Potential ermöglicht die Unterstützung des handlungsorientierten Charakters des Denkens, denn es geht immer auch darum, wie die gedachten Dinge in Handlung umgesetzt werden können. Die Gedanken haben immer eine handlungsorientierte Seite und Medien müssen diese handlungsorientierte Seite unterstützen, wenn sie es ermöglichen sollen, persönliche Gedanken langfristig abzubilden, anzubieten, wiederzuverwenden und zu kommunizieren.

Der:die Schüler:in im Beispiel der Sachaufgabe, hat bestimmte Aktionen durchgeführt, um zum Ziel der Lösung der Sachaufgabe zu kommen. Er:sie hat die mathematischen Bestandteile aus dem Text gelöst und Verfahrensvorschriften angewandt in Form eines Dreisatzes. Er:sie hat aber auch Zeichnungen erstellt und Namen von Kühen hinzugefügt, vielleicht aus der Situation heraus, ohne es vorher zu planen. Dabei hat er:sie die Informationen, die auf den Medien abgelegt wurden, verändert.

Das prozessuale Potential repräsentiert die Handlungen bei der Veränderung der Inhalte, die mit Medien abgelegt und bearbeitet werden. Ein wichtiger Begriff hierbei ist der Algorithmus. Er stellt eine exakte Anleitung dar, wie ein bestimmtes Problem gelöst werden kann. Es muss also ein Problem vorliegen, das gelöst werden soll und eine definierte Handlungsweise, die dem Algorithmus folgt. Die Lösungsschritte sind vor der Umsetzung der Lösung bekannt und wurden vorher definiert. Der Algorithmus wird deshalb auch gewöhnlich in einer formalen Sprache abgebildet, die die Schritte zur Lösung des Problems exakt beschreibt. Wird ein Algorithmus maschinell ausgeführt, geschieht diese durch ein Programm. Dadurch entsteht mediale Veränderung (vgl. Heilmann, 2019, S. 229). Ein Algorithmus ist eine Folge von Handlungsanweisungen im Sinne des deskriptiven Prinzips. Die Umsetzung von Algorithmen kann mithilfe von Programmen durch Maschinen realisiert werden. Diese führen eine zielgerichtete Veränderung herbei.

Gegenstände, die der Mensch wahrnehmen kann, bieten diesem Handlungsoptionen, also Möglichkeiten, wie sie konkret verwendet werden können. Diese handlungsorientierten Potentiale der Gegenstände, wird Affordanz genannt. Sie einzusetzen, ist neben den objektiven Möglichkeiten, die Gegenstände zur Veränderung bieten, auch von subjektiven Aspekten, wie der Situation oder den Einstellungen und Meinungen der Menschen abhängig (vgl. Heilmann, 2019, S. 226).

Das prozessuale Potential hat folgende Eigenschaften:

- Veränderung von Informationen
- Objektive und subjektive Affordanz

6.4 Das explorative Potential

Das explorative Potential ist eines von fünf medialen Unterstützungspotentialen, welche verschiedene teils widersprüchliche Aspekte des menschlichen Denkens in der medialen Arbeit unterstützen. Die fünf Potentiale dienen einer ganzheitlichen Betrachtung des menschlichen Denkens. Es bildet den spielerischen bzw. experimentierenden Charakter des menschlichen Denkens ab und die Grenzüberschreitung im Umgang mit Wissen.

Explorative Vorgehensweisen sind wichtig, wenn es um die Arbeit mit Medien geht, vor allem, wenn geistige Zusammenhänge entwickelt und verinnerlicht werden sollen. Dabei spielt die Mustererkennung eine wichtige Rolle, evolutionsgeschichtlich aufgrund von Situationen, in denen schnelle Reaktionen das Überleben sicherten. „Überlebt haben in solchen Situationen die Menschen, die schnell und möglichst zuverlässig aufgrund der gegebenen Information (wenige Muster) die richtige Entscheidung treffen konnten" (Wierse und Riedel, 2017, S. 109). Menschen müssen Handeln, unabhängig von der Qualität und Quantität der verfügbaren Informationen und vor allem des verfügbaren Wissens. Exploratives Verhalten erweitert die Möglichkeiten, denn es spielt unerwartete Alternativen durch.

Die Fähigkeit der menschlichen Mustererkennung, wird erfahrbar bei der Betrachtung der folgenden Wetterkarte:

Solche Wetterkarten, wie in Abb. 6.1, enthalten verschiedene Informationen, repräsentiert durch verschiedene visuelle Elemente, wie die räumliche Verteilung, Farbe, Sättigung, Pfeile, Linien usw. Die Temperatur wird beispielsweise durch Farben dargestellt. Die Windrichtung wird durch Pfeile symbolisiert. Es sind geografische Merkmale erkennbar, die wir sofort zuordnen können. Wir erkennen sofort Muster, die es uns ermöglichen Informationen einer solchen Wetterkarte zu interpretieren. Es lassen sich Minimal- und Maximalwerte der Temperaturen recht schnell erkennen bzw. Orte, an denen der Wind besonders stark weht. Die Visualisierung zeigt verschiedene Dimensionen. Um nun in Informationsstrukturen

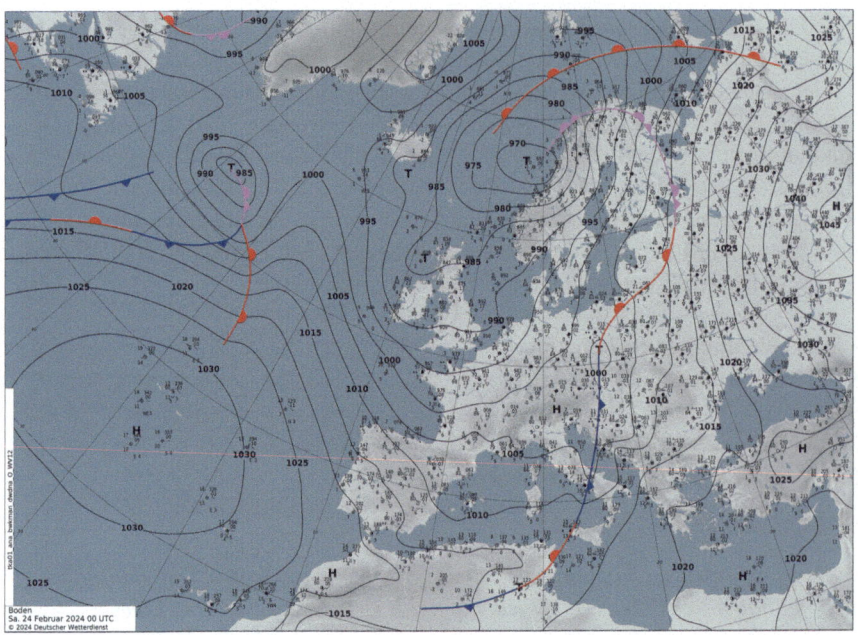

Abb. 6.1 Fehler! Kein Text mit angegebener Formatvorlage im Dokument.1 – Wetterkarte Quelle: DWD

Muster zu erkennen, die weniger aussagekräftig aufbereitet sind, wird es nötig, mit verschiedenen Kombinationen der Dimensionen zu experimentieren, um verborgene Muster erkennen zu können. Diese Form des „Herumspielens" mit der Repräsentationsform der Informationen, wird explorative Analyse genannt (vgl. Wierse und Riedel, 2017, S. 111 f.). Sie erfordert es, dass die Struktur der Informationen auf möglichst flexible Art und Weise rekombiniert werden können. So kann es hilfreich sein von einem Bild, wie der Wetterkarte, zu einer Tabelle mit den Werten in Spalten zu wechseln und die Inhalte so zu filtern, dass beispielsweise nur Orte dargestellt werden, deren Temperaturen über einem bestimmten Schwellwert liegen. Es geht letztendlich darum, die in den Daten enthaltenen Dimensionen, wie Orte oder Temperaturen, so zu kombinieren, dass unbekannte Muster erkannt werden können.

In Bezug auf das Lernen, spricht man hierbei vom explorativen oder entdeckenden Lernen (vgl. rptu.de, o. D.). In Bezug auf das Beispiel der Sachaufgabe geht es darum, mathematische Muster im Text zu erkennen und zu extrahieren. Der:die Schüler:in hat neue Informationen assoziativ hinzugefügt, um die enthaltenen Muster besser zu verinnerlichen. Er:sie ging sogar noch einen explorativen Schritt weiter, als nur die enthaltenen Informationen durch Mustererkennung zu extrahieren. Er:sie hat die Muster mit Bildern und Namen verbunden, also eigene Muster erzeugt, um die enthaltenen Muster leichter erfassen zu können. Er:sie hat exploratives Lernen angewandt, um eine Aufgabe zu lösen und vor allem, um ähnliche Aufgaben leichter lösen zu können. Er:sie hat durch Eigeninitiative eine selbständige Art und Weise der Lösung der mathematischen Sachaufgabe erprobt. Das Medium, also der Stift und das Papier, hat ihr die Möglichkeit gegeben. Es verwirklicht also ein bestimmtes exploratives Potential.

Die Eigenschaften des explorativen Potentials sind folgende:

- Muster erkennen über die intuitive Rekombination von Dimensionen der Informationen
- Muster intuitiv ergänzen, um Möglichkeiten zu schaffen, die ziel- und nutzenorientiert genutzt werden können

6.5 Das reziprok-ambivalente Potential

Das reziprok-ambivalente Potential ist eines von fünf medialen Unterstützungspotentialen, welche verschiedene teils widersprüchliche Aspekte des menschlichen Denkens in der medialen Arbeit unterstützen. Die fünf Potentiale dienen einer ganzheitlichen Betrachtung des menschlichen Denkens. Das reziprok-ambivalente Potential unterstützt widersprüchliche Aspekte so zu verbinden, dass etwas anreichernd Neues, Ziel- bzw. Nutzenorientiertes entsteht und damit dient es als Bindeglied zwischen den anderen Unterstützungspotentialen, wodurch ein ganzheitliches und technologieunabhängiges Konzept der Unterstützung menschlichen Denkens möglich wird.

Das reziprok-ambivalente Potential zeichnet sich dadurch aus, dass es die Verbindung widersprüchlicher Informationen auf eine Art und Weise ermöglicht, die anreichernd wirkt und es ermöglicht, aus den Widersprüchen etwas verbindend Neues zu schaffen. Das assoziative Potential ermöglicht zwar die Verbindung von widersprüchlichen Aspekten, doch die Unterstützung einer nutzenorientierten Reflexion dieser Verbindungen, unterstützt das Potential nicht. Hierfür wird ein weiteres Potential benötigt.

Sogenannte Personal Knowledge Bases (PKB) sollen es ermöglichen, objektive Ebenen und subjektive Ebenen so miteinander zu verbinden, dass die Verbindung später wiederverwendet werden kann, um das eigene Wissen zu rekonstruieren oder zu erweitern. Elemente der objektiven Ebene sind beispielsweise elektronische Dokumente und andere Informationen, die für mehrere Menschen abrufbar zur Verfügung stehen, also beispielsweise Dokumente aus dem Internet oder aus Unternehmensnetzwerken. Dem gegenüber steht die subjektive Ebene, die Blickwinkel, Interpretationen, Klassifikationen und Beziehungen einer individuellen Person, abhängig von deren Wissensstand und Situation beinhaltet. Diese sind in der Regel ein rein geistiges Produkt, dass nicht auf Medien abgelegt wird, bzw. lediglich kurzfristig in Form von Notizen oder unzusammenhängenden Kommentaren. PKBs sollen es ermöglichen, beide Ebenen so miteinander zu verbinden, dass diese Verbindung medial längerfristig verfügbar und vor allem nutzbar bleibt (vgl. King et al., 2005).

Beim Beispiel der Sachaufgabe, hat der:die Schüler:in die subjektive Ebene in Form von Zeichnungen und erfundenen Namen in die mediale Arbeit integriert. Es sind unerwartete Elemente, die subjektiven Zielen bzw. Beweggründen folgen. Das deskriptive Potential impliziert den Zwang, das Unwesentliche und auch unerwartete aus der Betrachtung zu entfernen, um die Komplexität der Betrachtung so weit zu reduzieren, dass ein zielorientierter und nutzenorientierter Umgang mit den medialen Abbildungen der wahrgenommenen bzw. abgeleiteten Wirklichkeit möglich wird. Das Beispiel der Sachaufgabe zeigt auch, dass der soziale Diskurs, in dem sich die Schülerin bewegte, diesen Zwang des Verzichts mit Hilfe von Sanktionen durchzusetzen versucht.

Das Beispiel zeigt, dass die objektive Ebene sich durch die jeweiligen sozialen Diskurse ergibt, und diese führen zu einer normativen Bestimmung dessen, was als objektiv gilt. Dabei übt der Diskurs ein bestimmtes Maß an Macht aus, welche Informationen medial repräsentiert werden sollen (vgl. Jäger, 2001). Es entsteht ein Konflikt zwischen der objektiven und der subjektiven Ebene, da die subjektive Ebene den Rahmen der objektiven Ebene potenziell überschreiten will und somit tendenziell innerhalb sozialer Diskurse zu negativen Sanktionen führt, wie im Beispiel der Sachaufgabe. Das deskriptive Potential von Medien verstärkt diese Spannung zwischen den Ebenen, da das Potential das Grenzüberschreitende als unnötig und damit zwingend vernachlässigbar betrachtet und es erschwert.

Es bietet sich deshalb eine Einteilung in zwei normative Ebenen an. Die eine Ebene ist die positivistische Ebene. Sie beinhaltet alle Informationen, die als wahr, notwendig, sinnvoll und erwartet gelten, im Moment der medialen Ablage bzw. Betrachtung der Gedanken, aus einer anerkannt wahren, notwendigen, sinnvollen bzw. erwarteten Sicht, bestimmten führenden Diskursen entsprechend. Daneben stehen die spekulativen Ebenen. Sie beinhalten alle Informationen, die aus der Sicht der positivistischen Ebene als falsch, unnötig, sinnlos und unerwartet gelten. Die objektive Ebene kann der positivistischen Ebene zugeordnet werden und die subjektive der spekulativen.

Die beiden Ebenen widersprechen sich zu einem ungewissen aber potenziell immanenten Teil. Menschen sind in der Lage dazu, die entstehenden Unvereinbarkeiten geistig so miteinander zu verbinden, dass etwas Neues entsteht, dass den angestrebten Nutzen und Zielen folgt. Dabei muss es zu einer Reflexion der Widersprüche kommen, die das Neue im Sinne angestrebter Ziele entstehen lässt. Dieses Potential wird durch Medien in der Regel kaum unterstützt, wodurch sie häufig trennend wirken und die Tendenz fordern und fördern, Widersprüche durch mehrere widerspruchsfreie Modelle aufzulösen. Da die objektive Ebene durch die sozialen Diskurse bevorzugt werden, kommt es zu einer potenziellen Unterdrückung der subjektiven Ebene. Das reziprok-ambivalente Potential, welches geistig einen Ausgleich schafft, kann in Medien integriert werden, wie die Use Cases im späteren Verlauf des Textes zeigen werden. Dadurch kann eine Emanzipation der subjektiven Ebene erreicht werden.

Das reziprok-ambivalente Potential dient dazu, die Gegensätzlichkeiten der anderen Potentiale anreichernd, ziel- und nutzenorientiert miteinander in Bezug zu setzen. Das reziprok-ambivalente Potential hat folgende Eigenschaften:

- Widersprüche als konstituierendes Element von Wirklichkeiten auffassen
- Geistige Reflexion der Differenz
- Aus der Differenz etwas Neues, anreicherndes schaffen

Literatur

Brath, R, Jonker, D. (2015): Graph Analyasis and Visualization – Discovering Business Opportunity in Linked Data. Indianapolis, Ind.: Wiley. https://doi.org/10.1002/9781119183662.

Bush, Vannevar (1945): As We May Think. In The Atlantic Monthly, July 1945.

Cambridge Intelligence (2023): Link analysis and timeline visualization for law enforcement [Whitepaper]. https://info.cambridge-intelligence.com/link-analysis-timeline-law-enforcement. Zugriff am 13.07.2023.

computerwoche.de (2023): Was sind LLMs?. https://www.computerwoche.de/a/was-sind-llms,3614567. Zugriff am 16.02.024.

Conradi, E. et.al. (2004): Der Brockhaus, Philosophie: Ideen, Denker und Begriffe. Wuppertal: Brockhaus.

Farkisch, K (2011): Data-Warehouse-Systeme Kompakt – Aufbau, Architektur, Grundfunktionen, Springer, Heidelberg, https://doi.org/10.1007/978-3-642-21533-9.

Funke, J. (2000): Psychologie der Kreativität. In Hlm-Hadulla, R.M. (Hrsg.), Kreativität (pp. 383–300). Heidelberg: Springer, 2000.

Heilmann, T.A. (2019): Algorithmus. In Liggieri, K., Müller, O. (Hrsg.). Mensch-Maschine-Interaktion. J.B. Metzler, Stuttgart. https://doi.org/10.1007/978-3-476-05604-7_32.

Heist, N., Hertling, S. Ringler, D. et al.: Wissensgraphen im Web. in Ege, B., Paschke, A. (Hrsg.): Semantische Datenintelligenz im Einsatz (2021). Springer Vieweg. https://doi.org/10.1007/978-3-658-31938-0.

Hofstätter and (Herausgeber), 1957.Hofstätter, P.R. (Herausgeber) (1957): Psychologie. Das Fischer Lexikon. Frankfurt am Main.

Jäger, S. (2001): Diskurs und Wissen – Theoretische und methodische Aspekte einer Kritischen Diskurs und Dispositivanalyse. In: Keller, R., et al. Handbuch Sozialwissenschaftliche Diskursanalyse – Band I: Theorien und Methoden. Leske + Budrich, Opladen.

King, R., Davies, S., Velez-Morales, J. (2005): Building the Memex Sixty Years Later: Trends and Directions in Personal Knowledge Bases; CU-CS-997-05.

Rasim A., Ramiz A., Farhad Y. (2021): Graph modelling for tracking the COVID-19 pandemic spread, in Infectious Disease Modelling. Volume 6. 2021. S. 112-122. https://doi.org/10.1016/j.idm.2020.12.002.

rptu.de (o.D.): Entdeckendes Lernen. https://service.zfl.uni-kl.de/wp/glossar/entdeckendes-lernen?print=print. Zugriff am 24.02.2024.

Schmitt, G.N. (1993). Methode: Abstraktion und Modellbildung. In: Architectura et Machina. Vieweg+Teubner Verlag. https://doi.org/10.1007/978-3-322-83972-5_10.

Singh, D. K., Sharma, V. Sharma S. (2012): Graph based Approach for Mining Frequent Sequential Access Patterns of Web pages. in International Journal of Computer Applications (0975–8887) Volume 40 – No.10. S. 33–37. February 2012.

Wierse, A./Riedel, T. (2017): Smart Data Analytics, de Gruyter GmbH, Berlin/Boston.

Anforderungskatalog 7

Eine vielversprechende Art, einem reziprok-ambivalenten Medium näher zu kommen, ist ein Personal Knowledge Graph System, da in dessen Zentrum die anreichernde Verbindung zwischen öffentlichen Fakten und persönlichen Vorstellungen und Meinungen steht. Damit werden die Informationen im Medium den Möglichkeiten der maschinellen Weiterverarbeitung der Fakten umfassend zugeführt. Im Folgenden wird ein Anforderungskatalog präsentiert, den ein Personal Knowledge Graph erfüllen sollte, um dem Ziel eines Memex näher zu kommen. Anschließend werden Use Cases präsentiert, die die Anforderungen anhand von konkreten Beispielen darstellen und zusätzlich mit den fünf Unterstützungspotentialen in Bezug setzen, um die technischen Anforderungen in einen nichttechnischen Kontext setzen zu können, damit ein Medium der geistig-integrativen Zukunft geschaffen werden kann.

7.1 Persönliche Datenhoheit/Zentrierung der Daten auf den Nutzer

> *In diesem Kapitel geht es um die Kontrolle über die Daten durch den:die Benutzer:in und die Zentrierung der Daten auf den:die Benutzer:in. Es geht auch um das Potential, alle Daten aktiv anpassen zu können.*

Bei diesem Punkt geht es darum, dass die Informationen im Medium zentriert sind auf eine Person. Es geht aber auch darum, dass die Person die volle Kontrolle über die Daten eines PKG besitzt, also entscheiden kann, welche Zugriffe möglich sind und sie auf alle Daten des PKG vollen Zugriff besitzt. Es geht aber auch darum, die Informationen aktiv und selbst bestimmt verändern zu können.

Es kann ein Unterschied zwischen einem Personal Knowledge Graph und einem Personalized Knowledge Graph gemacht werden, der in vielen Veröffentlichungen nicht gemacht wird. Ein Personalized Knowledge Graph ist ein Ausschnitt aus einem Knowledge Graph, also einer öffentlichen Quelle, der interessant für eine Person ist und in einer Anwendung genutzt wird. Die Daten sollen durch die Person, die den Personalized Knowledge Graph nutzt, nicht direkt geändert werden. Ein Personal Knowledge Graph schließt die Datenhoheit über die Daten mit ein, also sowohl darüber, welche Dienste auf welche Daten Zugriff haben als auch die Möglichkeit, die Daten anpassen zu können, also beispielsweise zusätzliche Informationen zu integrieren, wie die empfundene Vertrauenswürdigkeit von Ärzt:innen oder Eigenschaften, die intuitiv den Daten zugeordnet werden (vgl. Skjæveland et al., 2024). Es geht aber auch darum, dass die Daten mit dem jeweiligen Nutzer verbunden sind. Die Daten müssen mit dem Nutzer so verbunden sein, dass das jeweilige System die Zuordnung zum Nutzer herleiten kann. Anfragen an das System, wie "Wo gibt es die besten Seiten für meine Gitarre", können damit vom System verarbeitet werden, da das System mit dem Begriff "meine Gitarre" etwas anfangen kann. (vgl. Balog, 2019).

Es geht außerdem darum, dass der Eigentümer des personal Knowledge Graph festlegen kann, welche Lese- und Schreibrechte andere Benutzer auf Teile der Informationen haben sollen. Der Eigentümer sollte dabei alle Lese- und Schreibrechte auf allen Inhalten haben, während andere, wie beispielsweise ein Zahnarzt, nur Zugriff auf die Informationen haben sollte, die die zahnmedizinische Geschichte des Eigentümers betreffen (vgl. Skjæveland et al., 2024).

7.2 Assoziatives Datenmodell, intuitive erweiterbar

Das Datenmodell der im PKG abgelegten Daten sollte eine offene und assoziative Struktur haben, um es beliebig erweitern und im übertragenen Sinne auf Pfaden zwischen den Daten assoziativ wandern zu können.

Es sollte möglich sein, Assoziationen intuitiv abzulegen und miteinander zu vernetzen, sodass die entstehenden Ketten später auch noch nachverfolgt werden können (vgl. Bush, 1945). Diese Assoziationen sollten mit dem Besitzer und Nutzer der persönlichen Daten in Bezug stehen und dadurch eine Art Spinnennetz bilden mit Informationspfaden, die der Besitzer und Nutzer sicher beschreiten kann (vgl. Balog, 2019). Es sollten Verbindungen zwischen existierenden Themen und neuen Informationen erzeugt werden können, die interessant für den:die Besitzer:in und Nutzer:in sind oder von diesem:dieser bewusst und individuell hinzugefügt werden (vgl. McCreary, 2022).

Dies führt zu mehreren Vorteilen in Bezug auf das explorative Potential. So kann man sich freier in dem entstehenden Graphen bewegen und Eingebungen folgen, die während der Arbeit mit den Informationen entstehen. Euler widmete sich im 18. Jahrhundert der Frage, ob es im damaligen Königsberg einen Rundgang durch die Stadt gebe, der alle sieben Brücken über den Fluss Pregel einmal überquert. Er beantwortete die Frage mit Nein mithilfe der Mathematik (vgl. Mönius et al., 2021). Dies zeigt das Potential der automatisierten Bewertung von Pfaden und damit einem großen Potential der maschinellen Unterstützung des Menschen bei der Arbeit mit Graphen. Gleichzeitig könnte man aber auch andere Fragen stellen, beispielsweise nach dem schönsten Weg über die sieben Brücken, auch wenn man eine Brücke dabei zweimal überschreiten müsste oder nach einem historischen Weg, der alle sieben Brücken mit einbezieht. Während der Wanderung über die sieben Brücken, könnten auch neue Fragen entstehen, die sich aus den Beobachtungen ergeben und so käme es zu einem Richtungswechsel und zu unerwarteten Ergänzungen von Bezügen zum Weg über die sieben Brücken. Dadurch entstehen individuelle Informationspfade, eine Art assoziative Navigation.

Ein zweiter Vorteil ist die verspätete Entstehung eines Schemas. Durch die Möglichkeit, neue Verbindungen zwischen Informationen in einem assoziativen, intuitiv erweiterbaren Datenmodell zu erstellen, können Informationen später in ein passendes Schema oder in verschiedene Schemas eingeordnet werden. Dies unterstützt Lernprozesse, da das Wissen sich während der Arbeit mit den Informationen medial unterstützt entwickeln lässt. In diesem Zusammenhang kann man von der Entkopplung der Informationen und den zugehörigen Schemas sprechen oder von der verzögerten Klassifizierung (vgl. Velitchkov, 2023).

7.3 Benutzerfreundlichkeit

Bei einem Medium zur Erfassung, Ablage, Verbindung, Wiederverwendung und Kommunikation von Gedanken, ist eine niedrige Schwelle in der Arbeit mit einem solchen Medium wichtig, aber auch die Möglichkeit, ein solches Medium in möglichst vielen Situationen verwenden zu können.

Einfachheit und Intuition/Niedrigschwellige Komplexität Da es um die Intuitive Erfassung von Gedanken, Vorstellungen und auch Fakten geht, ist eine niedrigschwellige Komplexität bei der Erfassung dieser Informationen notwendig, damit Menschen intuitiv viele ihrer Gedanken medial ablegen können (vgl. King et al., 2005). Dabei geht es um das Konzept „Low Threshold, High Ceiling" (Cañas et al., 2005). Das heißt, dass das entsprechende System innerhalb weniger Minuten erlernbar sein sollte, es sollte aber gleichzeitig möglich sein, komplexe Zusammenhänge abzubilden. Die Schwelle sollte niedrig, die Decke aber möglichst hoch sein.

Die Ablage von Gedanken in Textform, wird als einfach und intuitiv angesehen (vgl. Neumeister, 2022). Note-Taking Tools stellen aus diesem Grund die Eingabe von Text ins Zentrum der Ablage von Gedanken, da es relativ einfach scheint, Gedanken in geschriebenen Texten abzubilden.

Bei Note-Taking Tools, einem Vertreter von Personal Knowledge Base Lösungen, werden aber auch Techniken verstärkt verwendet, wie Erklärvideos, Tutorials, Dashboards, Beispiel-Notizen oder Vorlagen, die vorgefertigte Dokumentstrukturen enthalten für den einfacheren Einstieg in die komplexe Kombination von intuitiver Texteingabe und formaler Strukturierung der Gedanken (vgl. laurainspire, 2022). Der Einstieg ist also auch mit solchen Lösungen nicht intuitiv möglich, es wird ein Lernprozess benötigt, um mit solchen Lösungen arbeiten zu können.

Verwendung auf unterschiedlichen Geräten Die Verwendbarkeit auf verschiedensten Endgeräten, führt zu einer alltäglichen Verfügbarkeit in verschiedensten Situationen. Damit wird es erleichtert, Gedanken und Vorstellungen zu jeder Zeit festhalten zu können. Moderne plattformübergreifende Tools, wie Evernote, ein Note-Taking Tool, ermöglichen dies (vgl. McCreary, 2022).

7.4 Wissensorganisation

> *Um persönliche Gedanken langfristig verwenden zu können, muss es möglich sein, die Gedanken in eine sich verändernde Wissensorganisation zu integrieren. Es müssen vielfältige Ordnungstechniken zur Verfügung stehen, die auf persönliche Gedanken ausgerichtet sein müssen. Dazu sind Ordnungsprinzipien, wie die Klassifizierung bzw. die Freitextsuche notwendig, aber auch weiterführende Techniken, die die Vielfältigkeit und Ambivalenz persönlicher Gedanken medial nutzbar halten.*

Die Organisation von Wissen folgt bestimmten Ordnungsprinzipien. Diese dienen dazu, Informationen wiederfinden und weiterverwenden zu können, im Sinne eines angestrebten bzw. entstehenden Nutzens. Es spielen Fragen nach der Wahrheit, Notwendigkeit, Nützlichkeit und Erwartung eine Rolle. So drückt der Begriff der Dokumentationswürdigkeit aus, dass nur für den betrachteten Nutzen notwendige Informationen erfasst werden sollten. Die Ordnungsprinzipien dienen dazu, Informationen in einem bestimmten Ordnungssystem zusammen zu fassen. Das Ordnungssystem ist dazu bestimmt, die Informationen auf eine einheitliche und bekannte Art und Weise zu verwalten und im Vorfeld zu ordnen. Es gibt verschiedene Ordnungsprinzipien, wie die Klassifikation, der Aufbau von Registern, die Kombination von Begriffen oder die Freitextsuche (vgl. Gaus, 2005).

Die Freitextsuche nimmt dabei eine Sonderstellung ein. Dabei geht es darum, über die Eingabe eines Suchwortes oder einer Suchphrase, Informationen zu finden. Sie dient der explorativen Arbeit mit Begriffen (vgl. Gaus, 2005, S. 15). „Begriffe sind geistig-gedankliche Abbildungen von Gegenständen, Sachen,

Vorgängen, Ideen usw. Ein Begriff enthält das Typische einer Gruppe gleichartiger Gegenstände, gleichartiger Sachen, gleichartiger Vorgänge, gleichartiger Ideen usw." (Gaus, 2005, S. 57). Das Ordnungsprinzip, dass hinter der Freitextsuche steht, ist als die Ordnung der Welt durch die Abstraktion mit Begriffen anzusehen. Sie ist weniger strikt als die anderen Ordnungsprinzipien.

Hinzu kommt noch ein weiteres wichtiges Ordnungsprinzip, welches als verzögerte Klassifikation bzw. delay classification bezeichnet werden kann. Dabei geht es darum, Inhalte, wie Notizen, so miteinander zu vernetzen, dass im Laufe der Vernetzung der Inhalte, sich die Klassifikation der Inhalte ändert. Durch die Beziehung der Inhalte untereinander, werden sie gleichzeitig klassifiziert (vgl. Velitchkov, 2023). Beispielsweise sind Ärzt:innen in einem Personal Knowledge Graph abgelegt. Der:die Nutzer:In vernetzt einen:eine Ärzt:in mit der Information, dass er:sie nicht vertrauenswürdig ist. Damit verliert der geistige Gegenstand wichtige Attribute, die ihn:sie als Ärzt:in klassifizieren kann. Es kommt zu einer verzögerten Klassifikation des Arztes bzw. der Ärztin, die für den:die Nutzer:In einer anderen Klasse zugeordnet wird.

Wissenerzeugung und -erfassung Bei der Wissenserzeugung und -erfassung geht es darum, Gedanken festhalten zu können, d. h. das Medium muss es ermöglichen, verschiedenste Arten der Erfassung von Informationen zu ermöglichen, sie den eigenen Gedanken entsprechend anzuordnen, zu verknüpfen und wiederzuverwenden (vgl. King et al., 2005).

Um diese Erzeugung und Erfassung möglichst niedrigschwellig zu ermöglichen, bietet sich das Erstellen von Notizen an. In Note-Taking Tools, die die Vernetzung mit Konzepten erlauben, geht es um die Kombination von schnellem Festhalten von Gedanken in Texten, und die Wissensorganisation durch die Vernetzung der Notizen mit anderen Notizen oder Konzepten. Dies kann beispielsweise die Anreicherung von Notizen von literarischen Recherchen sein, mit der Originalquelle, deren Metadaten, wie Autor oder Verlag (vgl. Pyne und Stewart, 2022). Die Kombination von verfasstem Text, intuitive Verlinkung mit Konzepten im Text und einer Graphen-Struktur, liefert zusätzliche Möglichkeiten der geistigen Arbeit. Es wird möglich, zwischen den Texten und Konzepten zu navigieren oder die Zusammenhänge zwischen Texten, Blöcken und Konzepten graphisch darzustellen, beispielsweise in Form der Darstellung von Knoten und Kanten (vgl. McCreary, 2022). Gedanken sollen explorativ erfasst und explorativ sowie systematisch wiederverwendet werden können.

Ordnungstechniken Ordnungstechniken, mit denen Ordnungssysteme organisiert werden können, sind beispielsweise

- die Verwendung von Tags für eine spätere Filterung von Informationen,
- die Strukturierung von Texten in Blöcken oder Abschnitten,
- die Ordinale Strukturierung der Informationen nach vorgegebenen Regeln,
- die Nutzung von ausklappbaren Informationen, die bei Bedarf versteckt werden können,

- die Strukturierung von Text in verschiedenen Spalten,
- Textformatierungen, wie Kursiv oder Fett,
- Inhaltsverzeichnisse,
- Eingabehilfen, die während der Anlage von Informationen mögliche Ordnungstechniken anbieten

(vgl. Neumeister, 2022; tools2study.com, o. D.).

Anreicherung mit Metadaten In Bezug auf die Anreicherung mit Metadaten geht es darum, Metadaten zu Gegenständen in die Personal Knowledge Base zu integrieren, die für den:die Nutzer:In des Personal Knowledge Graph von Bedeutung oder Interesse sind. Dies können beispielsweise Informationen zu einer literarischen Quelle, wie Autoren oder Erscheinungsjahr sein (vgl. Pyne und Stewart, 2022). Wichtig ist dabei auch die unerwartete Erweiterung von Gegenständen um neue Metadaten, die sich für den:die Nutzer:In aus der Situation der Arbeit mit dem Medium ergeben.

Klassen-/Konzept-/Faktenbildung Hierbei geht es um die Bildung von abstrakten Begriffen, die Klassen, Konzepte oder Fakten repräsentieren. Personal Knowledge Graph Produkte, wie Notion, nutzen vordefinierte Konzepte, wie Projekte oder Aufgaben, um eine Organisation der Gedanken zu erreichen. Die Konzepte haben Eigenschaften, wie die Möglichkeit, ein Startdatum einzutragen. Diese Konzepte stellen im Vorfeld der Nutzung definierte Erwartungen an geistige Gegenstände dar. Die Konzepte bieten vorgefertigte Eigenschaften, können aber auch mit neuen Eigenschaften angereichert werden, wie Personen, die an einem Projekt arbeiten oder Telefonnummern, die einem Projekt zugeordnet werden können (vgl. notion.so, o. D.). Die Eigenschaften können für die maschinelle Weiterverarbeitung genutzt werden, beispielsweise für eine Filterung nach Projekten, die noch nicht abgeschlossen sind.

Fakten- über Fakten Werden beispielsweise Ärzt:innen in einem Personal Knowledge Graph erfasst, die bestimmte Fakten besitzen, wie eine Adresse der Praxis. Wird eine dieser Adressen anschließend mit dem Fakt erweitert, dass sie mit der Buslinie 39 erreichbar ist und die Buslinie mit dem Fakt der Haltestelle vor der Haustür der Praxis, so entsteht ein Netzwerk von Fakten, das zur systematischen Analyse komplexer Beziehungsmuster genutzt werden kann, um neue Erkenntnisse zu gewinnen. Außerdem wird dieses Netzwerk personalisiert. Es geht darum, Fakten immer wieder mit neuen Fakten zu erweitern und diese ebenfalls mit neuen Fakten, wodurch ein komplexes Netzwerk von Fakten entsteht, dass laufend verändert und erweitert werden kann und im Interesse der Nutzer:innen steht. (vgl. Skjæveland et al., 2024).

Navigation in Informationsstruktur Durch die Verbindung von Informationen innerhalb der assoziativen Datenstruktur, wird es möglich, von einer Information zu einer anderen zu navigieren, beispielsweise mit Hilfe einer Darstellung mit

Knoten und Kanten durch das Klicken auf einen Knoten, anschließender Darstellung der Beziehungen des angeklickten Knoten und von dort aus zu einem weiteren Knoten mit dessen Beziehungen. Beispielsweise Obsidian bietet eine solche Graph-View, mit deren Hilfe zwischen Notizen navigiert werden kann. (vgl. Stark, 2023). Es geht um die komplexe Repräsentation von Beziehungen zwischen zu untersuchenden Gegenständen und die Navigation über die Beziehungen zu anderen Gegenständen, die ebenfalls wieder Beziehungen zu Gegenständen haben. Knoten stellen Gegenstände dar und Kanten die Beziehungen zwischen diesen Gegenständen. Die visuelle Form der Darstellung in Form von Knoten und Kanten, ermöglicht die schnelle Erfassung komplexer Zusammenhänge. Daher spielt sie eine wichtige Rolle bei der Analyse von Beziehungsmustern und damit bei der Organisation von Informationen (vgl. Brath und Jonker, 2015, S. 16). Ein Personal Knowledge Graph kann in diesem Zusammenhang definiert werden als Medium, das bidirektionale Links unterstützen, auf denen über die Beziehungen in beide Richtungen navigiert werden kann. Dadurch wird es möglich, Wissenspfaden in verschiedene Richtungen zu folgen und auch an verschiedenen Stellen einzusteigen. Würde man einen PKG aus der Perspektive des Lesens beschreiben, so würde man den PKG bei jedem Einstieg anders lesen können, wodurch unerwartete Gedankengänge entstehen, die aus einem Medium einen:eine Gesprächspartner:in machen, der:die unerwartete geistige Veränderungen in der Kommunikation hervorruft (vgl. Baltes und Anadiotis, 2019).

Konstruktion neuer Pfade Hierbei geht es darum, Assoziationen zwischen Inhalten bzw. Fakten zu erzeugen, um Wissen zu schaffen bzw. abzubilden. Dies können Querverweise in einem Text zu weiteren Informationen wie Anmerkungen zum Text sein. Es können aber auch komplexere Verbindungen sein, wie Fakten über Fakten. Heptabase bietet die Platzierung von Inhalten auf sogenannten Whiteboards, die wie eine Art Pinnwand funktionieren, auf der Kombinationen von Texten, Bildern, Videos in Textcontainern zusammengefasst werden können. Diese Pinnwände werden Cards genannt. Dies dient der Zusammenfassung von Wissen und der Erzeugung von Wissen durch eine individuelle assoziative Kombination von Inhalten (vgl. Heptabase, 2024). Die Inhalte sind wiederum vernetzt mit anderen Inhalten. Durch die personalisierte Zusammenfassung der Inhalte, entstehen zentrale Einstiegspunkte in das Netzwerk der Inhalte. Dadurch entsteht eine persönliche Navigationsstruktur auf assoziativen Pfaden.

Annotation in Texten, Bildern, Video- und Audioinhalten Die Annotation in Texten, Bildern, Video- und Audioinhalten dient dazu, Wissen durch die Vernetzung von teil- oder unstrukturierten Informationen miteinander bzw. mit strukturierten Informationen zu ermöglichen. Die Annotationen dienen der Organisation von Informationen, um daraus Wissen zu erzeugen (vgl. Rapp, 2017). Dadurch entstehen auch gleichzeitig Fakten über die Inhalte, die annotiert werden durch die Vernetzung mit anderen Inhalten. So können beispielsweise Abschnitte in Texten oder Sequenzen in Videos mit Referenzen versehen werden, die für eine maschinelle Weiterverarbeitung genutzt werden können. Sind diese Referenzen beispielsweise Fragen, entsteht die Möglichkeit, Videos systematisch zu lernen, da die Sequenzen im Video als Kontrollantwort für die Frage abgespielt werden können. Es kann beispielsweise auch eine Videoaufzeichnung einer Besprechung mit Aufgaben annotiert werden, die in der Besprechung formuliert wurden und anschließend in einer Liste zur Abarbeitung angezeigt werden.

Verschiedene Note-Taking Tools bieten Möglichkeiten für die Annotation an. Obsidian bietet verschiedene Plugins für die Annotation von PDF-Dateien (vgl. obsidian.md, o. D.). Eine weitere Note-Taking Lösung, Heptabase, bietet ebenfalls die Annotation von PDF-Dateien. Die Annotation von Audio- und Video-Dateien ist geplant (vgl. Heptabase, 2024, 13:24–15:27).

Abfragesprache und Repräsentation der Abfrageergebnisse Eine Abfragesprache dient dazu, Informationen in einer Datenbank so abzufragen, dass bestimmte explorative Fragestellungen beantwortet werden können. Dabei werden Attribute der Daten in Abfragen so kombiniert, dass eine strukturierte Sicht auf die Informationszusammenhänge entsteht, die der Fragestellung entspricht und diese potenziell beantworten kann. Abfragesprachen dienen der Abstraktion, also der Ableitung von Konzepten, die eine Menge von Einzeldingen anhand ihrer Attribute repräsentieren. Mit ihrer Hilfe können Muster extrahiert und dargestellt werden, die über die Betrachtung der Einzeldinge nicht ermittelt werden können. (vgl. Fischer und Hofer, 2011, S. 13).

Nicht zuletzt dienen Abfragen dazu, unerwartete Zusammenhänge in einer formalen Form bewusst zu machen. In Graphen-Strukturen können mit Abfragesprachen über mehrere Konzepte verteilte Eigenschaften in einen formalen Zusammenhang gebracht werden und so unerwartete persönliche Zusammenhänge auf einem völlig neuen Niveau bewusst gemacht werden (vgl. Gallet, 2023).

Das Note-Taking Tool Capacities ermöglicht es, regelbasierte Abfragen zu erstellen. Diese Abfragen werden in einem visuellen Editor erstellt, in dem Objekt-Typen gefiltert werden können, wie Personen. Es können aber auch Properties der Personen gefiltert werden, wie deren Vornamen oder Geburtsdatum. Außerdem ist die Filterung nach zugeordneten Tags möglich. So kann eine Liste von Personen erstellt werden, die beispielsweise einer geplanten Party zugeordnet wurden (vgl. capacities.io, o. D. b).

Das Note-Taking Tool logseq nutzt hingegen eine strukturierte, sprachlich basierte Abfragesprache, die in Form einer Mark-Down Notation geschrieben werden muss, beispielsweise *{{query (property type books)}}*. Diese Query zeigt eine Liste aller Notizen an, denen der Typ books zugeordnet wurde (vgl. logseq.com, o. D.).

Man kann zwischen Visual Query Languages und Textual Query Languages unterscheiden. Visual Query Languages ermöglichen einen einfacheren Einstieg. Textual Query Languages erlauben die Abbildung komplexerer Fragestellungen (vgl. Kogan, 2021).

Spekulative Konzept-Ergänzungen Dabei geht es darum, dass eine Person strukturierte Informationen, die global interessant sind, also allgemein anerkannt, um persönliche Informationen bis hin zu widersprüchlichen Informationen anreichern kann. Dies ist notwendig, damit maschinelle Prozesse, die mit den Informationen arbeiten, wie Suchmaschinen, mit den Ergänzungen etwas anfangen können oder Analysetechniken, wie die Mustererkennung genutzt werden können, um Muster in Beziehungen zwischen Fakten, Konzepten bzw. in Klassenstrukturen, erkennen zu können. Eine Suche nach "Wo finde ich die besten Seiten für meine Gitarre?" benötigt persönliche Metadaten, wie das Modell der eigenen Gitarre (vgl. Balog, 2019). Eine Suche nach "Welche Lerneinheit habe ich noch nicht ausreichend gut verinnerlicht?", benötigt persönliche Metadaten, wie die Qualität der eigenen Antworten auf formulierte Fragen zu Lerninhalten. Ein Personal Knowledge Graph, der medizinische Informationen für und über Ärzt:innen enthält, kann auch persönliche Informationen zu den Ärzt:innen enthalten, beispielsweise Informationen über die Freundlichkeit oder die Einschätzung der Kompetenz von Ärzt:innen (vgl. Skjæveland et al., 2024). Die medizinischen Informationen sind dabei öffentliche Informationen, die Einschätzungen private. Durch die Kombination dieser Informationen, entstehen neue geistige Gegenstände, die ambivalent sein können. Die Rolle von Ärzt:innen wird dabei verändert bis hin zu einem Verlust der Rolle. Es entsteht ein ambivalenter geistiger Gegenstand, der gleichzeitig reziprok ist, da die Verbindung zwischen der Rolle als Ärzt:in und der Einschätzung der Inkompetenz gespeichert wird. Die Rolle bleibt im Medium erhalten, aber auch der Verlust der Rolle in der persönlichen Beurteilung.

7.5 Integration/Extraktion

Dabei geht es um die Möglichkeiten der Integration und Extraktion von Wissen aus und in das System, sowie um die potentielle Langfristigkeit der Nutzbarkeit der Daten im System und den potentiellen Nachfolgern.

Langfristigkeit und Wiederverwendbarkeit Hierbei geht es darum, dass die Informationen permanent gespeichert und langfristig verfügbar bleiben für den:die Nutzer:in des Systems (vgl. King et al., 2005). Für die permanente Speicherung spielt die Verwendung von Standards eine große Rolle, die potenziell langfristig durch Software unterstützt wird. Dies führte bei aktuellen Note-Taking Tools, wie Obsidian oder Notion, zu der Nutzung von Mark-down, da es in lesbarer Textform vorliegt und schnell in verschiedenen Anwendungen genutzt werden kann (vgl. McCreary, 2022). Die langfristige Verfügbarkeit des Wissens in Medien, hängt aber auch stark von den Möglichkeiten der Organisation und den Möglichkeiten des späteren Wiederfindens des Wissens ab, also von den vielfältigen Möglichkeiten, Wissensorganisation zu betreiben, was in einem der vorherigen Abschnitten beschrieben wurde.

Informationen teilen Hierbei geht es um Möglichkeiten, die Informationen im Personal Knowledge Graph mit anderen Menschen zu teilen und Reaktionen der Menschen zu erfassen. Dies können Möglichkeiten sein, wie die Freigabe von Inhalten über Links oder die Möglichkeit der Kommentierung von Inhalten durch andere Personen (vgl. Neumeister, 2022).

Integration externer Informationen Hierbei geht es darum, externe Informationen, wie Texte, Bilder, Videos, PDFs, aber auch strukturierter Informationen aus externen Datenbanken, in den Personal Knowledge Graph zu integrieren, wie Trainingspläne beim Sport oder angeordnete Medikationen (vgl. Skjæveland et al., 2024). Es geht auch darum, zu erkennen, welcher Teil von öffentlichen Datenbanken interessant für den:die Nutzer:in eines Personal Knowledge Graph ist. Im Falle von Knowledge Graphen kann dies mithilfe von Named Entity Recognition (NER) oder Natural Language Processing (NLP) erfolgen. Dabei erkennt das System, welche Teile einer öffentlichen Datenbank, in diesem Fall ein öffentlicher Knowledge Graph, interessant für den:die Nutzer:in ist anhand der Informationen im Personal Knowledge Graph und dem Interaktionsverhalten des:der Nutzer:innen (vgl. Ilkou, 2022). Knowledge Acquisition ist die Automatisierung der Extraktion und Formalisierung von Wissen in unstrukturierten oder semi-strukturierten Informationsquellen und die Integration in die Datenstrukturen des Personal Knowledge Graph (vgl. Russell und Norvig, 1995, S. 217). Letztendlich geht es darum, möglichst viele verschiedene externen Informationen und Quellen zu erfassen, analysieren, vernetzten und wiederzuverwenden (vgl. King et al., 2005).

Extraktion von Informationen (Knowledge Base Population) Hierbei geht es um die Extraktion von Informationen aus der Personal Knowledge Graph nach außen. Die Knowledge Base Population ist die Ermittlung von neuen Fakten über vorhandene Entitäten in einer formalisierten Informationsstruktur (vgl. Balog, 2018, S. 189). Dabei geht es um die Integration von neuen Fakten aus externen Quellen, beispielsweise Diätinformationen für das persönliche Training. Es geht aber auch um die Synchronisation von Informationen mit externen Quellen, also das Lesen und Schreiben aus und in die gleiche Quelle, beispielsweise im Zusammenhang mit Terminen, die in einer externen Terminverwaltung aktualisiert werden sollen. Vor allem die Synchronisation mit unstrukturierten Quellen wie Texten, stellt eine besondere Herausforderung dar, für die es noch keine brauchbare Lösung gibt, beispielsweise in Bezug auf textlich verfasste medizinische Berichte und deren Synchronisation mit extrahierten Fakten, wie Dosierungen (vgl. Skjæveland et al., 2024).

Inter-Application-Communication Ein wichtiger Aspekt in Bezug auf die Arbeit mit einem Personal Knowledge Graph, ist der Datenaustausch über Applikationsgrenzen hinweg, um Informationen auszutauschen bzw. Funktionen zu initiieren (vgl. Sauermann, 2005). Dies ist notwendig, um integrierte Daten weiterzuverarbeiten, beispielsweise um anstehende Termine, die bei einer Synchronisation geändert wurden, bewusst zu machen durch einen Alarm, oder Prozesse von außen anstoßen zu lassen bzw. nach außen anzustoßen.

Veröffentlichung Eine weitere Funktion, die moderne Note-Taking Tools realisieren, wie Notion, ist die Veröffentlichung von Seiten im Internet. So können beispielsweise Blogs erstellt werden, die öffentlich im Internet erreichbar sind (vgl. Baltes und Anadiotis, 2019).

In diesem Zusammenhang muss die DSVGO erwähnt werden, da sie auch die Arbeit mit einem Personal Knowledge Graph berührt. Sie betrifft die automatisierte bzw. auch nichtautomatisierte Verarbeitung von personenbezogenen Daten, sobald sie in einem Dateisystem abgelegt werden. Es gibt die Ausnahme der ausschließlich persönlich oder familiär erfolgten Tätigkeiten (vgl. eur-lex.europa.eu, 2016). Sobald ein Teilen der Informationen, beispielsweise über eine Veröffentlichung von Informationen aus einem Personal Knowledge Graph heraus im Internet erfolgt, ist diese Grenze schnell überschritten und die Bestimmungen der DSVGO werden wirksam.

7.6 Repräsentation

Das enthaltene Wissen muss auf vielfältige Art und Weise präsentiert werden können, beispielsweise Texte, Bilder, Videos in unterschiedlichsten Strukturen und Zusammensetzungen. Dabei muss es auch möglich sein, dass Wissen aus verschiedenen Blickwinkel betrachten zu können, also die Struktur der Informationen entsprechend des angestrebten Blickwinkels ändern zu können und so das Wissen auf neue Art und Weise zusammenzusetzen.

Multirepresentationalität Um Muster in komplexen Informationsstrukturen erkennen zu können, müssen verschiedene Blickwinkel auf diese Informationen eingenommen werden können. Sie müssen in Form von unterschiedlichen Repräsentationen betrachtet werden können. Darunter kann die Anwendung verschiedener Layouts von Graphen-Strukturen verstanden werden, von links nach rechts oder von oben nach unten oder als strukturierte Liste mit Zeilen und Spalten (vgl. McCreary, 2022). Diese Form des benutzerdefinierten Wechsels verschiedener Darstellungsformen der gleichen Daten, soll Multirepresentationalität genannt werden.

Das Note-Taking Tool Capacities unterscheidet zwischen verschiedenen Views, die unterschiedliche Repräsentationsformen der enthaltenen Daten repräsentieren. Object Views sind Darstellungen einzelner Objekte. Dies können Texte sein, die in einer Page zusammengefasst und mit Bildern oder Videos angereichert werden. Es können auch einzelne Tags sein, mit denen Texte oder Blöcke von Texten angereichert werden. Data Views sind die Darstellung von mehreren Objekten, beispielsweise in einer tabellarischen Darstellung. So können alle Objekte in einer Tabelle abgebildet werden, denen ein Tag zugeordnet wurde. Daneben gibt es beispielsweise noch die sogenannte Graph View. Sie zeigt die Objekte, die miteinander in Bezug gesetzt wurden, beispielsweise Termine mit Personen oder Pages mit Tags (vgl. capacities.io, o. D. a). Dies ermöglicht verschiedene Blickwinkel auf die enthaltenen Daten und damit explorative Analysen der Informationen, um unerkanntes Wissen zu extrahieren bzw. reflektierte Kommunikation mit dem Medium zu erreichen.

7.7 Prozesse

In diesem Kapitel geht es um die Integration von Prozesse zur maschinellen Verarbeitung des persönlichen Wissens und die Orientierung dieser Prozesse an der individuellen Arbeitsweise des:der Anwender:in.

Persönliche Dienste Dabei geht es um kontextbezogene Repräsentation, also die Erkennung der Repräsentationsform, die in der aktuellen Interaktion am sinnvollsten ist, bzw. die automatisierte Weiterverarbeitung persönlicher Informationen oder Informationsstrukturen, wie die automatische Weitergabe von persönlichen medizinischen Daten und Verläufen an Ärzte oder der Vorschlag einer möglichen Planung eines individuellen Trainingsplanes und die Messung entsprechender Werte (vgl. Skjæveland et al., 2024).

Integration von Funktionen Der Personal Knowledge Graph muss um zusätzliche Funktionen für bestimmte Anwendungsfälle erweitert werden können, beispielsweise um Topic Map Tools anzuzeigen oder Wiki-Funktionalitäten zu ermöglichen, wie das Navigieren zwischen den Inhalten (vgl. Sauermann, 2005). Es geht aber auch darum, Funktionen mit Daten zu koppeln, sodass eine Weiterverarbeitung möglich wird, wie die anwendungsbezogene Verarbeitung von Informationen, beispielsweise die Berechnung eines möglichen Kündigungstermins anhand der Kündigungsfrist. Damit werden anwendungsbezogene Benutzeroberflächen nötig, die die Informationen auf eine Art und Wiese repräsentieren und weiterverarbeiten, die bestimmten Use Cases entsprechen und es werden Hintergrundprozesse notwendig, die bestimmte Aktionen durchführen, innerhalb persönlicher Kontexte.

Wissen über Interaktionsverhalten entwickeln Dabei geht es um strukturierte Modelle über die Interaktion der Nutzer:In mit dem Personal Knowledge Graph, also beispielsweise dem Wissensstand und den Wissenslücken von Lernenden beim sogenannten Open Learner Model, welches Lernenden und Unterrichtenden dabei helfen soll, passender auf die Lernsituation einzugehen. Hierbei werden Informationen über das Interaktionsverhalten der Lernenden in einem "black-box" Empfehlungssystem für den Lernenden und Unterrichtenden erklärbar und transparent für die Lernenden und Unterrichtenden ermittelt und dargestellt (vgl. Ilkou, E., 2022).

Literaturverzeichnis

Balog, K. (2018): Entity-Oriented Search. Springer Cham. https://doi.org/10.1007/978-3-319-93935-3.
Balog, K. (2019): Personal Knowledge Graphs: A Research Agenda. In ICTIR '19, October 2–5, 2019. https://dl.acm.org/doi/https://doi.org/10.1145/3341981.3344241.
Baltes, O., Anadiotis, G. (2019): A framework for evaluating Personal Knowledge Graph tools. In Velitchkov, I., Anadiotis, G. (2023): Personal Knowledge Graphs: Connected thinking to boost productivity, creativity and discovery. Exapt Press (eBook).
Brath, R, Jonker, D. (2015): Graph Analyasis and Visualization – Discovering Business Opportunity in Linked Data. Indianapolis, Ind.: Wiley. https://doi.org/10.1002/9781119183662.
Bush, Vannevar (1945): As We May Think. In The Atlantic Monthly, July 1945.
Cañas, A.J., Hill, G. Carff, R., et al. (2004): CMAPTOOLS: A KNOWLEDGE MODELING AND SHARING ENVIRONMENT. In Concept Maps: Theory, Methodology, Technology Proceedings of the First International Conference on Concept Mapping (2012).
capacities.io (o.D. b): Queries. https://docs.capacities.io/reference/queries. Zugriff am 22.05.2024.
capacities.io (o.D.): Views. https://docs.capacities.io/reference/views. Zugriff am 20.05.2024.
Ernst Neumeister (User) (2022): Einfaches Notion Tutorial für 2024. https://www.youtube.com/watch?v=ojhz-MkeH4o. Zugriff am 08.05.2024.
eur-lex.europa.eu (2016): VERORDNUNG (EU) 2016/ 679 DES EUROPÄISCHEN PARLAMENTS UND DES RATES – vom 27. April 2016 – zum Schutz natürlicher Personen bei der Verarbeitung personenbezogener Daten, zum freien Datenverkehr und zur Aufhebung der Richtlinie 95/ 46/ EG (Datenschutz-Grundverordnung). https://eur-lex.europa.eu/legal-content/DE/TXT/PDF/?uri=CELEX:32016R0679. Zugriff am 14.02.2025.
Fischer, P./ Hofer, P. (2011): Lexikon der Informatik, 15. überarb. Aufl, Springer, Berlin/Heidelberg.
Gallet, F. (2023): The decisive role of the unintentional part of knowledge in PKGs. In Velitchkov, I., Anadiotis, G. (2023): Personal Knowledge Graphs: Connected thinking to boost productivity, creativity and discovery. Exapt Press (eBook).
Gaus, W. (2005): Dokumentations- und Ordnungslehre. 5. überarb. Aufl. Springer. Heidelberg.
Heptabase (User) (2024): Heptabase Fundamentals 101: Sense-making with whiteboards. https://www.youtube.com/watch?v=HgvR2QkfwG0. Zugriff am 07.05.2024.
Ilkou, E. (2022): Personal Knowledge Graphs: Use Cases in e-learning Platforms. https://arxiv.org/pdf/2203.08507.pdf. Zugriff am 11.04.2024.
King, R., Davies, S., Velez-Morales, J. (2005): Building the Memex Sixty Years Later: Trends and Directions in Personal Knowledge Bases; CU-CS-997-05.
Kogan, L. (2021): V1: A Visual Query Language for Property Graphs. https://arxiv.org/pdf/1710.04470v4. Zugriff am 22.05.2024.
laurainspire (User) (2022): NOTION TUTORIAL DEUTSCH//TOP ORGANISIERT mit DIESEM TOOL. https://www.youtube.com/watch?v=mLqbHOO85z0. Zugriff am 08.05.2024.
logseq.com (o.D.): How to use queries and indentation in Logseq. https://hub.logseq.com/features/av5LyiLi5xS7EFQXy4h4K8/how-to-use-queries-and-indentation-in-logseq/c3hkRvkQWqE55Ccv91NGT4. Zugriff am 22.05.2024.
McCreary (2022): Personal Knowledge Graphs. https://towardsdatascience.com/personal-knowledge-graphs-9a23a0b099af. Zugriff am 14.03.2024.
Mönius, K., Steuding, J., Stumpf, P. (2021): Einführung in die Graphentheorie. Springe Spektrum Wiesbaden. https://doi.org/10.1007/978-3-658-33108-5.
Neumeister, E. (User) (2022): Einfaches Notion Tutorial für 2024. https://www.youtube.com/watch?v=ojhz-MkeH4o. Zugriff am 08.05.2024.
notion.so (o.D.): Projektmanagement. https://www.notion.so/de-de/help/guides/category/project-management. Zugriff am 11.05.2024.

obsidian.md (o.D.): Plugins to manage or annotate PDF files. https://publish.obsidian.md/hub/02+-+Community+Expansions/02.01+Plugins+by+Category/Plugins+to+manage+or+annotate+PDF+files. Zugriff am 12.05.2024.

Pyne, Y., Stewart, S. (2022): Meta-work: how we research is as important as what we research. https://bjgp.org/content/bjgp/72/716/130.full.pdf. Zugriff am 25.02.2024.

Rapp, A. (2017): Manuelle und automatische Annotation. In: Jannidis. In F., Kohle, H., Rehbein, M. (eds) Digital Humanities. J.B. Metzler, Stuttgart. https://doi.org/10.1007/978-3-476-05446-3_18.

Russell S.J., Norvig P. (1995): Artificial Intelligence – A Modern Approach. Prentice Hall, New Jersey.

Sauermann, L. (2005): The Semantic Desktop – a Basis for Personal Knowledge Management. In Proceedings of the 5th International Conference on Knowledge Management.

Skjæveland, M.G., Balog, K., Bernard, N. et.al (2024): An ecosystem for personal knowledge graphs: A survey and research roadmap. In AI Open 5 (2024). S. 55-69.

Stark, K. S. (2023): Obsidian Basics | 1 Prinzip und 6 Methoden hinter meinem Autoren Second Brain. https://www.katesstark.com/post/obsidian-basics-prinzip-methoden. Zugriff am 06.05.2024.

tools2study.com (o.D.): Seiten in Notion Organisieren – 9 Tricks, die Du kennen musst. https://tools2study.com/orga/seiten-in-notion-organisieren/. Zugriff am 09.05.2024.

Velitchkov, I. (2023): Introduction. In Velitchkov, I., Anadiotis, G. (2023): Personal Knowledge Graphs: Connected thinking to boost productivity, creativity and discovery. Exapt Press (eBook).

Ein reziprok-ambivalenter Ansatz: nOMod

8

In den folgenden Kapiteln sollen anhand von Beispielen die Anforderungen des Anforderungskatalogs demonstriert werden. Diese Use Cases wurden mit einer eigenentwickelten Software des Autors entwickelt, die nie auf einen marktreifen Stand gebracht wurde, da keine Interessenten für die gemeinsame Weiterentwicklung der Software gefunden werden konnten bzw. keine Community geschaffen werden konnte, die an einer Weiterentwicklung interessiert gewesen wäre. Sie wurde aber jahrelang und sehr intensiv sowohl im privaten als auch beruflichen Bereich des Autors von ihm genutzt, um eigene Gedanken medial so zu unterstützen, dass er sie zusammenhängend ablegen, wiederverwenden und auch kommunizieren konnte. Es ist ein eigenentwickelter Personal Knowledge Graph.

In die Software wurden zwei wichtige Aspekte integriert, die im Anforderungskatalog unter dem Punkt „Spekulative Konzept-Ergänzungen" und „Integration von Funktionen" angedeutet wurden. Es können mit dem System zum einen Erwartungen (fromal-)deskriptiv formuliert werden und damit Modelle erzeugt werden, Klassen und Objekte mit Eigenschaften, die maschinell weiterverarbeitet werden können, Systematik erzeugen und widerspiegeln, welche Erwartungen der Autor an geistige Gegenstände hat. Diese Erwartungen können intuitiv erweitert werden, ohne den ziel- und nutzenorientierten Charakter der Modelle zu verlieren. Die (formal-)deskriptiven Aspekte der Modelle stellen das dar, was aus der Sicht der Erwartungen als wahr, notwendig, sinnvoll und erwartet gilt. Es können aber auch Eigenschaften integriert werden, die das repräsentieren, was aus der Sicht der Erwartung als falsch, unnötig, sinnlos und unerwartet gilt. Es ist der spekulative Teil der entstehenden Wirklichkeiten, der im menschlichen Geist bei geistiger Arbeit immer entsteht. Der positivistische Teil dient der Organisation und Ordnung. Der spekulative Teil dient der Exploration und Schöpfung von unerwarteten Möglichkeiten. Das Medium enthält Mechanismen, die es ermöglichen, beide Seiten nutzenorientiert zu kombinieren, um eine ganzheitliche und anreichernde Wirklichkeit zu schaffen. Dabei bleibt die Grenze zwischen den sich ausschließenden Teilen wahrnehmbar während der Arbeit mit den Informationen. Dadurch kommt es zur ständigen Reflexion der positivistischen Ebene mit den spekulativen Ebenen der Wirklichkeiten, die im Medium abgelegt werden. Es entsteht ein reziprok-ambivalentes Medium, dass die Erwartungen an geistige Gegenstände verfügbar hält, maschinell verarbeitbar macht und gleichzeitig für persönliche Gedanken intuitiv nutzbar erhält. In diesem Spannungsfeld spielt ein weiterer Punkt eine wichtige Rolle, und zwar die Verbindung von Information und Funktion auf eine Art und Weise, die Selbstorganisation unterstützt. Das System enthält Mechanismen, um die funktionale Fixierung zu verhindern bzw. zu verringern, damit potenzielle Handlung immer ein Teil der geistigen Arbeit mit Informationen bleiben können und die intuitive Grenzüberschreitung in Bezug auf die Veränderung von Gegenständen weniger stark gehemmt wird. In den folgenden Kapiteln werden nach einer Geschichte zur Entstehung des Systems, Use Cases präsentiert, die sich gleichzeitig an den Anforderungen des Anforderungskataloges orientieren und die zwei zusätzlichen Aspekte zur Realisierung eines reziprok-ambivalenten Mediums demonstrieren, die der Autor in sein System integriert hat. Dafür wird zur Erzählerperspektive gewechselt, da es Erfahrungsberichten des Autors sind und in einem Personal Knowledge Graph die Ablage, Wiederverwendung und Kommunikation von eigenen Gedanken ermöglicht werden sollen. Das System trägt den Arbeitstitel nOMod für new Ontology-Modules.

8.1 Die Anfänge, eine WIKI

Dieses Kapitel beschreibt die Entwicklung des Autors vom Zeitpunkt der Erkennung eines Problems der Überforderung durch die Informationsflut des Alltags, über den Versuch der Lösung des Problems mit verfügbaren Lösungen, bis hin zur Eigenentwicklung eines Personal Knowledge Graph. Dabei wurden viele der im Anforderungskatalog angesprochenen Punkte für den Autor erlebbar.

In den Jahren 2008 und 2009 war bei mir das Bedürfnis nach der ganzheitlichen Unterstützung meiner Arbeit durch ein Medium sehr groß, aufgrund vieler verschiedener Aufgaben und Anforderungen im beruflichen Umfeld. Das daraus resultierende Gefühl der Überforderung, führte zu einer Einschränkung meiner Leistung und zu einem tiefen Wunsch der besseren Unterstützung dieser Tätigkeiten durch Medien. Dabei hatte ich schon Erfahrungen mit einer vor Jahren selbst entwickelten Projektmanagement-Software gesammelt, die ich für ein berufliches Projekt genutzt hatte, um anstehende Aufgaben des Projekts zu managen. Mit ihr sollten die Aufgaben verwaltet und die Ergebnisse und Schwierigkeiten dokumentiert werden. Das Projekt drehte sich um eine bestehende Vereinssoftware, die um eine kommerzielle Verlagssoftware erweitert werden sollte, sodass beide bei zentralen Anwendungsfällen eng zusammenarbeiten konnten. Die Planung dieser Anpassungen führte ich mit der von mir entwickelten Projekt-Management Software durch. Sie war zu einem nicht unwesentlichen Teil zugeschnitten auf die konkreten Anwendungsfälle des Projektes. Ich konnte das Projekt damit schnell und ohne größere Probleme abschließen. Der Versuch, die Software für die Unterstützung der Aufgaben in späteren Projekten zu nutzen, war aber erfolglos. Der Aufwand für die Änderung der Software wäre zu groß gewesen. Zu viele für andere Projekte unnötige Funktionen, waren in die Software integriert, wichtige Funktionen fehlten oder Funktionen waren unzureichend bzw. falsch für die anstehenden Anwendungsfälle implementiert. Dies ist ein typisches Problem im Bereich von Individual-Software, das als Over-Engineering bezeichnet werden kann (vgl. Laabs, 2023). Man kann hierbei von einer medial implementierten funktionalen Fixierung sprechen. Es existiert ein Spannungsfeld zwischen individueller Anpassbarkeit und intuitiver Erweiterbarkeit auf der einen Seite und der Unterstützung komplexer Informations- und Funktionszusammenhänge auf der anderen Seite (niedrige Schwelle und hohe Decke). Die Erwartungen an die zu integrierenden Informationen und zu realisierenden Funktionen, konnten nicht in der veränderten und erweiterten Form abgedeckt werden.

Im privaten Bereich machte ich diese Erfahrung der Überanpassung von Software in Bezug auf das Schreiben von Büchern. In den Jahren 2003 bis 2009 erfüllte ich mir einen Kindheitstraum, indem ich ein Buch geschrieben hatte, über die Erschaffung und den Lauf einer fantastischen Welt mit Helden, Schurken, Fabelwesen und epischen Schlachten. Dafür hatte ich mir eine Software entwickelt, mit der ich die Ideen zur Geschichte und die Texte für das Buch organisieren konnte. Ich konnte zusätzliche Metadaten zuordnen, wie Szenen, Charaktere, Orte und Zeiten. Diese Metadaten konnten markierten Textstellen zugeordnet werden. Im System gab es eine Funktion, die es ermöglichte, von den einzelnen Metadaten in einer Liste, zu den zugehörigen Textstellen zu springen und diese zu markieren. Damit waren die Metadaten, die zugehörigen Textstellen und die Texte in einen funktionalen Kontext integriert. Die Metadaten konnten in Form von tabellarischen Listen angezeigt werden, wie der erwähnten Liste der Szenen mit enthaltenen Charakteren, Orten und Zeiten. Die Liste konnte gefiltert und durchsucht werden. Außerdem konnte ich die vielen Ideen, die ich zum Buch hatte, erfassen und organisieren. Organisation und Intuition wurden anreichernd miteinander kombiniert. Es konnten aber keine unerwarteten Metadaten zugeordnet werden, sondern nur Metadaten, deren Zuordnung im Vorfeld der Nutzung definiert wurden. Ich nutzte zum einen das explorative Unterstützungspotentials des Mediums in Form des Verfassens der Texte der Geschichte und der Ideen zur Vorbereitung der Geschichte. Zum anderen nutzte ich das (formal-)deskriptiven Unterstützungspotential durch die Anreicherung der Texte mit Metadaten, wie Szenen, Orte und Zeiten, um systematische Organisation der Inhalte der Texte zu ermöglichen. Funktionen, wie das Filtern und Durchsuchen von Listen, unterstützten die längerfristige Verwendbarkeit der Informationen. Zum dritten nutzte ich das prozessuale Unterstützungspotential beim interaktiven Markieren von Textstellen, ausgehend von Szenen, Orten oder Zeiten. Es waren aber sowohl auf der organisatorischen als auch auf der funktionalen Ebene keine unerwarteten Kombinationen möglich.

Später versuchte ich, mit der Software einen philosophischen Text zu verfassen. Das Kennenlernen der Systemtheorie während eines Fernstudiums, hatte mich positiv überwältigt und das dabei entstandene Staunen wollte ich in Worte verwandeln. Ich stellte fest, dass Szenen, Orte, Zeiten und Charaktere hierbei wenig hilfreich waren. Das Konzept der Recherche rückte in den Vordergrund. Die implementierten Datenmodell, die entwickelte Benutzeroberfläche und die integrierten Prozesse der Software, waren ausgelegt auf das Verfassen bestimmter fantastischer Literatur. Die Software hätte umfangreich geändert werden müssen, um für das neue Projekt eingesetzt werden zu können. Dies scheiterte. Es war sowohl ein gewisser representational Bias vorhanden als auch eine medial implementierte funktionale Fixierung. Diese konnten von mir nicht überwunden werden. Auch hier zeigte sich wieder der Konflikt zwischen niedriger Schwelle und hoher Decke erneut.

Parallel dazu, hatte ich erste berufliche Erfahrungen mit dem assoziativen Unterstützungspotential gemacht, während der Arbeit mit einer WIKI.[1] Ich nutzte die WIKI, um Checklisten und Anleitungen zu erstellen, zu verwalten und zu nutzen. Dabei ging es um zu erledigende komplexe Aufgaben im Bereich der Netzwerk- und Systemadministration, beispielsweise der Vorbereitung einer neuen Niederlassung für die Integration ins Unternehmens-Netzwerk. Die WIKI ermöglichte es, Dokumente mit Dokumenten zu vernetzen und damit auch Gegenstände mit Gegenständen. So konnten Checklisten erstellt werden, die die gesamte Vorbereitung einer Niederlassung repräsentierten. Diese Checklisten enthielten Links zur Anleitung der Installation von Teilsystemen, wie einem Webserver. So konnten wiederverwendbare Teile in verschiedene komplexe Gesamtzusammenhänge integriert werden, da die Anleitungen auch in anderen Checklisten verlinkt werden konnten. Es entstand eine komplexe Graphen-Struktur. Mit Hilfe der WIKI waren verschiedene Blickwinkel auf die Informationen möglich, beispielsweise die Darstellung einer alphabetischen Liste der Checklisten, aber auch Listen, geordnet nach Wichtigkeit bzw. Themenfeld. Dies half bei der Änderung der Checklisten, bei der Suche nach der passenden Checkliste, aber auch bei der Entscheidung, ob eine neue Checkliste benötigt wurde. Man könnte hierbei von Multirepräsentationalität sprechen, da die integrierten Inhalte (Checklisten-Dokumente) in unterschiedlichen Repräsentationen dargestellt werden konnten. Die in den Repräsentationen kombinierten Inhalte, könnte man mit dem Begriff Medianartefakte umschreiben, die verschiedenartige Inhalte repräsentieren und unterschiedlich kombiniert präsentiert werden. Auch die Navigation zwischen den Checklisten war möglich, da die WIKI anzeigte, in welchen Dokumenten ein Dokument ver-

---

[1] Für die Implementierung wurde die Software MediaWiki verwendet. MediaWiki ist eine Plattform für die Zusammenarbeit und Dokumentation, die von einer lebendigen Gemeinschaft getragen wird. (vgl. mediawiki.org, o. D.)

linkt wurde. Dabei kann man von Links und Backlinks[2] sprechen. Dadurch wurde eine Navigation innerhalb der Struktur von verschiedenen Einstiegspunkten aus möglich, wie bei Assoziationen.

Die WIKI ermöglichte es, das explorative Unterstützungspotential mit dem (formal-)deskriptiven und assoziativen Unterstützungspotential zu verbinden durch die Kombination von frei formulierbaren inhaltlichen Zusammenhängen im Text auf der explorativen Seite. Auf der anderen Seite stehen Möglichkeiten zur Verfügung, wie die Anreicherung eines Dokuments mit Kategorien und die automatische Erstellung von alphabetischen Listen der Dokumente, die einer Kategorie zugeordnet wurden. Auch die assoziative Verbindung zwischen Dokumenten, führt zu einer weiteren Möglichkeit der Umsetzung einer (formal-)deskriptiven Ordnung. Es ist möglich, durch die Dokumentenstruktur zu navigieren, neue Pfade zu konstruieren und unerwartete Verbindungen herzustellen und zu folgen. Diese Erfahrung im beruflichen Umfeld, war für mich so einschneidend, dass ich begann, die nächsten Buchprojekte mit einer WIKI zu unterstützen, in der ich die Ideen und Texte mit (formal-)deskriptiven Informationen, wie Szenen, Orten, Zeiten aber auch Recherchen und ungeplanten Elementen für neue Arten von Buchprojekten anreichern konnte. Ich dachte, das Problem des Over-Engineerings so lösen zu können.

Ich stellte aber sowohl beruflich als auch privat fest, dass zusätzliche Funktionen notwendig wurden, die eine WIKI nicht anbot. Es gab zwar verschiedenste Plugins, die die WIKI um Funktionen erweiterte, doch diese waren für meine Bedürfnisse nicht geeignet. So fehlte die Markierung von Textstellen, ausgehend von einer Szene, einem Ort, einer Zeitangabe oder einer Recherche. Ich integrierte dies in die WIKI in Form eines selbst entwickelten Plugins, mit dem verlinkte Elemente im Text markiert werden konnten. Ein anderer Anwendungsfall aus dem beruflichen Bereich, war die Notwendigkeit des Ausdruckens von zusammengehörenden Checklisten, die einen Gesamtprozess darstellten, der abgearbeitet werden sollte. Hierzu entwickelte ich eine Software, die es ermöglichte, eine Checkliste der WIKI auszuwählen und diese Checkliste sowie alle darin verlinkten Checklisten und alle in den verlinkten Checklisten verlinkte Checklisten auszudrucken, also den kompletten Graph komplexer Prozessanleitungen. So füllte ich Ordner mit Checklisten, die dann aus den Ordnern genommen werden konnten und im Zuge der Abarbeitung der Prozesse abgehakt werden konnten. Die Dokumente wurden mit Änderungsdatum ausgedruckt und so war eine laufende Inventur der ausgedruckten Dokumente möglich, in der veraltete Dokumente ausgetauscht wurden, da in der WIKI das Änderungsdatum von Dokumenten vermerkt wird und damit ein Vergleich mit der ausgedruckten Version möglich wurde. Dies führte zu einer drastischen Qualitätssteigerung meiner Arbeit.

---

[2] Backlinks sind die inverse Betrachtung von Links, also vom verlinkten Dokument zum verlinkenden Dokument (vgl. Baltes und Anadiotis, 2019).

So war es möglich, komplexe Aufgaben auf eine Art und Weise abzuarbeiten, dass sie vollständig und schnell von mir erledigt wurden, weil kaum mehr Mehrfacharbeiten vorkamen aufgrund der formalen Systematisierung der Prozesse mithilfe von Medien. Hierfür war es aber notwendig, die Checklisten eng in die eigentliche Arbeit einzubeziehen, da genau nach ihnen vorgegangen und jeder Punkt abgehakt werden musste, sobald er erledigt war. Dies erforderte mehrere Durchläufe der Prozesse mithilfe der Checklisten, um eine endgültige Version der Checklisten zu erhalten. In der Nutzung der Checklisten zeigt sich, wie Medien uns formen, da die Arbeitsweise den Medien angepasst werden muss. Ein Schritt wird abgearbeitet und danach direkt der zugehörige Punkt in der Checkliste abgehakt. Ein wichtiger Aspekt, der bei der Arbeit mit der WIKI und den ausgedruckten Checklisten noch fehlte, war die Möglichkeit der Protokollierung der Abarbeitung der Checklisten, beispielsweise für Rechenschaftsberichte, die notwendig waren, da das Medium und die Vorgehensweise allein meiner Eigeninitiative entsprang und immer wieder gerechtfertigt werden musste. Der Versuch, die Funktionalität der Protokollierung in die WIKI zu integrieren, hätte eine Erweiterung erfordert, die weit über die Möglichkeiten einer WIKI hinausgegangen wäre.

Ein weiteres Problem kam hinzu. Ich wollte die Ressourcen, die in den Checklisten erwähnt wurden, wie Server, Softwareprodukte, Unternehmensteile, usw. eigenständig verwalten können, beispielsweise in Form von Listen der Ressourcen mit zugehörigen Eigenschaften, wie dem Lagerort von Datenträgern von Softwareprodukten. Der Aufwand, diese Metadaten den Checklisten so zuzuordnen, dass sie später wiederverwendet, individuell und separat verwendet werden konnten für verschiedene Anwendungsfälle, war zu groß. Wichtig wäre beispielsweise ein Bericht gewesen, in dem stand, welche Ressourcen in welchen Checklisten verwendet wurden. Die Bezeichnungen mussten in den Checklisten angepasst werden, wenn sich die Bezeichnung der Ressource änderte oder diese durch eine andere ersetzt wurde. Auch zeigte sich die Notwendigkeit, dass bestimmte Eigenschaften von Ressourcen während der Abarbeitung von Checklisten notwendig waren, wie die Netzwerkadresse von Servern, für bestimmte Zugriffe. Dies konnte sich aber potenziell ebenfalls ständig ändern. Ich erkannte, dass klassifizierte Objekte mit Eigenschaften notwendig wurden, die in die assoziative Struktur der Dokumente integriert werden konnten sowie eine Form der Synchronisation von Informationen. Die Anforderung der Klassen-/Konzept- und Faktenbildung stand im Raum.

Ich entschloss mich, eine Software zu entwickeln, die die explorative Arbeit mit Informationen, beispielsweise in Textform ermöglicht. Sie sollte das assoziative Unterstützungspotential ähnlich einer WIKI realisieren. Zusätzlich sollte das (fromal-)deskriptive Unterstützungspotential in Form von Klassen und Objekten mit Eigenschaften realisiert werden. Das integrierte prozessuales Unterstützungspotential, sollte weiter gehen als eine nahezu unzusammenhängende Kombination von funktional eigenständigen Plugins.

Es entstand die erste Version des Systems, das heute den Arbeitstitel nOMod trägt. In den folgenden Kapiteln werden verschiedene Use Cases dargestellt, die den verschiedenen Anforderungen des Anforderungskatalogs zugeordnet werden können und mit Hilfe von nOMod umgesetzt wurden.

Literatur

Baltes, O., Anadiotis, G. (2019): A framework for evaluating Personal Knowledge Graph tools. In Velitchkov, I., Anadiotis, G. (2023): Personal Knowledge Graphs: Connected thinking to boost productivity, creativity and discovery. Exapt Press (eBook).

Laabs, S. (2023): Individualsoftware vs. Standardsoftware: Das sind die Unterschiede. https://www.gecko.de/wissenshub/individualsoftware-massgeschneiderte-loesungen-fuer-mehr-erfolg/. Zugriff am 08.06.2024.

mediawiki.org (o.D.): MediaWiki ist eine Plattform für die Zusammenarbeit und Dokumentation, die von einer lebendigen Gemeinschaft getragen wird. https://www.mediawiki.org/wiki/MediaWiki/de. Zugriff am 16.06.2024.

Use Cases 9

In den nächsten Kapiteln werden verschiedene Use Cases beschrieben, die in der persönlichen Arbeit des Autors von Bedeutung sind. Dabei werden Grundlagen des vorzustellenden PKGs erläutert, die über andere Note-Taking PKGs, wie Notion, Obsidian, Roam Research usw. hinaus gehen. Zum zweiten werden die vorgestellten Anforderungen des Anforderungskatalogs in den Use Cases behandelt und anhand von Beispielen demonstriert. Zum dritten werden die vorgestellten Unterstützungspotentiale ins Verhältnis gesetzt zu den Anforderungen und den Use Cases, wodurch die Bedeutung der Unterstützungspotentiale zur Bewertung von ganzheitlichen Medien deutlich werden sollte.

9.1 Steuer 2023

Dieses Kapitel führt mithilfe eines einfachen Anwendungsbeispiels, der Steuererklärung 2023 des Autors, in die technologischen Basiskomponenten des vom Autor entwickelten Systems ein, um die folgenden Anwendungsbeispiele besser verstehen zu können.

Der erste Use Case soll vier wichtige Grundlagen der Arbeit mit dem von mir entwickelten PKG zeigen. Dabei geht es darum, betrachtete Gegenstände in Form von Klassen- und Objektbeziehungen abzubilden, als (formal-)deskriptives Modell einer beobachteten Wirklichkeit. Die zweite Grundlage ist die Möglichkeit,

---

Ergänzende Information Die elektronische Version dieses Kapitels enthält Zusatzmaterial, auf das über folgenden Link zugegriffen werden kann https://doi.org/10.1007/978-3-658-48445-3_9.

© Der/die Autor(en), exklusiv lizenziert an Springer Fachmedien Wiesbaden GmbH, ein Teil von Springer Nature 2025
T. Weller, *Die Macht der Ambivalenz,* Die blaue Stunde der Informatik, https://doi.org/10.1007/978-3-658-48445-3_9

diese Modelle ambivalent-reziprok zu nutzen. Das bedeutet, dass die Erwartungen, die das (formal-)deskriptive Modell in Form der darin definierten Regeln an die Objekte stellt, überschritten werden können, ohne dass dies durch den PKG verhindert wird. Die Objekte können um Eigenschaften ergänzt werden, die die Erwartungen überschreiten bzw. diesen widersprechen. Das (formal-)deskriptive Modell bleibt weiterhin ziel- und nutzenorientiert verwendbar, weil der PKG die Grenze, an der die Erwartungen überschritten werden, bewusst macht, den Verstoß aber nicht verhindert. Dies führt zu einer ständigen Reflexion der Erwartungen im Verhältnis zu dem sich entwickelten Wissen mit seinen ambivalenten Überschreitungen. Die dritte Grundlage ist die Nutzung von Anwendungen des PKG und deren Kommunikation untereinander mithilfe des sogenannten publish-subscribe-Pattern. Das bedeutet, dass es einen Sender und beliebig viele Empfänger gibt, die sich an einen Nachrichtenkanal anmelden, auf dem ein Sender sendet. Mithilfe dieses Patterns kommt es zu einer Entkopplung von Sender und Empfänger, denn Sender und Empfänger wissen über den jeweils anderen nichts. Die Senderseite sendet unabhängig davon, ob und welche Empfänger sich an den jeweiligen Kanal angemeldet haben. Der Sender muss nichts mehr über den Empfänger wissen. (vgl. Hohpe, G. & Woolf, 2003, S. 99). Es entsteht eine Entkopplung von Funktion und Information, da in der Interaktion unerwartet kombiniert werden kann, welche Informationen mit welchen Funktionen verarbeitet werden sollen. Die vierte Grundlage besteht in der Verwendung von Statistiken über das Interaktionsverhalten, damit die Anwendung „lernt", welche unerwartete Kombinationen von Information und Funktion für den:die Anwender:in am sinnvollsten ist. Die Grundlagen werden am Beispiel meiner Steuererklärung 2023 erläutert.

Der von mir entwickelte PKG basiert auf einer eigen entwickelten Graph-Datenbank und einer wachsenden Anzahl von kleinen Anwendungen, die es ermöglichen, die Informationen des PKG anwendungsorientiert zu bearbeiten. Diese Anwendungen sind Views in einem Browser oder Kommandozeilen-basierte Funktionen, die beispielsweise einen Massenimport von Daten in den PKG durchführen. Über ein Kommunikationssystem arbeiten diese Views zusammen. Man könnte von interaktiven Funktionscontainern sprechen.

Aktuelle Note-Taking Tools stellen die Arbeit mit Notizen, die Vernetzung von Notizen und die Navigation zwischen den Notizen in den Mittelpunkt. Dabei repräsentieren die Notizen bestimmte geistige Gegenstände, wie eine Aufgabe, ein Projekt oder eine Steuererklärung. In dem von mir entwickelten Personal Knowledge Graph kann ebenfalls mit Notizen zur Vernetzung von geistigen Gegenständen gearbeitet werden. Die Notizen sind aber immer Objekten zugeordnet, die wiederum Klassen zugeordnet sind. Damit stehen semantisch gehaltvolle Gegenstände, die klassifiziert und mit Eigenschaften versehen sind, sowie deren Vernetzung im Mittelpunkt. Im Falle der *Steuererklärung 2023*, ist dies beispielsweise eine Beziehung zwischen dem Objekt *Steuererklärung 2023* und dessen Klasse *Steuer.* Es ist aber auch beispielsweise die Beziehung zum zugehörigen Steuerberatungsvertrag. Diese Abbildung von Eigenschaften in Form von Beziehungen zwischen Elementen, kann auf einer Klassenebene definiert werden, um die Erwartungen an das zu schaffende Wissen zu formulieren. Sie werden aber auch auf einer Objektebene erzeugt. Dort können die Definitionen überschritten werden. So entsteht das Potential der Reflexion von Erwartungen. In dem von mir entwickelten PKG, steht ein sogenannter Klassenbaum zur Verfügung, der eine hierarchische Gliederung von Klassen ermöglicht. Diese Klassen können über Beziehungen vernetzt werden und so entstehen Eigenschaften von Klassen, wie die Eigenschaft, dass eine Steuererklärung einen Steuerbescheid haben kann.

So habe ich im Jahr 2010 die Klasse *Steuer* im PKG erzeugt und dieser Klasse im Laufe der Jahre die Eigenschaften zugewiesen, die mir für eine immer bessere Unterstützung der Arbeit mit einer Steuererklärung notwendig erschienen. Ich habe die Erwartungen an die Klasse *Steuer* immer wieder geändert und überarbeitet. Seit Jahren arbeite ich bei der Erledigung meiner Steuererklärung mit einer gekauften Software, und zwar mit WISO Steuer.[1] Im PKG erfolgt die parallele Dokumentation dieser Erledigung. Vor einigen Jahren wurde es möglich, Steuererklärungen über eine Webanwendung durchzuführen, ohne eine Installation von DVD. Damals habe ich eine Beziehung zwischen der Klasse *Steuer* und der Klasse *Url* hergestellt, um die Url zur webbasierten Steuererklärung abbilden zu können. So wurde die Klasse *Url* zu einer Eigenschaft der Klasse *Steuer* und umgekehrt, da mit Backlinks gearbeitet wird, wodurch in beide Richtungen zwischen den Informationen navigiert werden kann. Dabei gibt es eine bewusste Richtung, die bewusst erzeugt wurde, von der Steuererklärung zur Url und eine unbewusste Richtung von der Url zur Steuererklärung. So entsteht eine medial abgebildete Assoziation. Ich kann beispielsweise die Url des Portals der Steuersoftware kopieren und im PKG nach dieser Url suchen, dann von der Ural aus zur Steuererklärung navigieren und mir beispielsweise Belege anzeigen lassen, die für die Steuererklärung von Bedeutung sind und die ich im Laufe des Jahres der Steuererklärung zugeordnet habe. Zum Zeitpunkt der Fertigstellung dieses Kapitels enthielt der private Graph des von mir entwickelten PKGs, 2947 Klassen, die ich seit 2010 integriert habe.

Eine der wichtigsten Apps des PKG, ist der sogenannte Ontologie-Editor. Sie dient dazu, Beziehungen zwischen Klassen im PKG herzustellen und zu bearbeiten, um die formal-deskriptiven Modelle zu erzeugen, zu verändern und zu reflektieren. Der Ontologie-Editor ermöglicht es, Ontologien[2] zu bearbeiten, Beziehungen zwischen den Elementen des Graphen, wie Klassen und Objekte. Eine der Views des Ontologie-Editors, ist die Darstellung des Klassenbaums und der Liste von Objekten, die einer ausgewählten Klasse zugeordnet sind.

Abb. 9.1 zeigt den sogenannten Ontologie-Editor. In dieser Abbildung und auch den folgenden, sind immer wieder Nummerierungen angegeben, die eine Reihen-

---

[1] WISO Steuer ist eine Software für Steuererklärungen (https://www.buhl.de/steuer/)

[2] Ontologien ermöglichen es, Bedeutungen in medial abgelegte Beziehungs-Strukturen zu integrieren. „Sie beschreiben also Konzepte und ihre Beziehungen innerhalb einer Wissensdomäne und unterstützen Maschinen dabei, Inhalte im Web interpretieren zu können, anstatt sie einfach darzustellen und damit sämtliche Vernetzungstätigkeiten dem Menschen zu überlassen bzw. ‚aufzuhalsen'" (Tochtermann, K., Maurer, H. 2006)

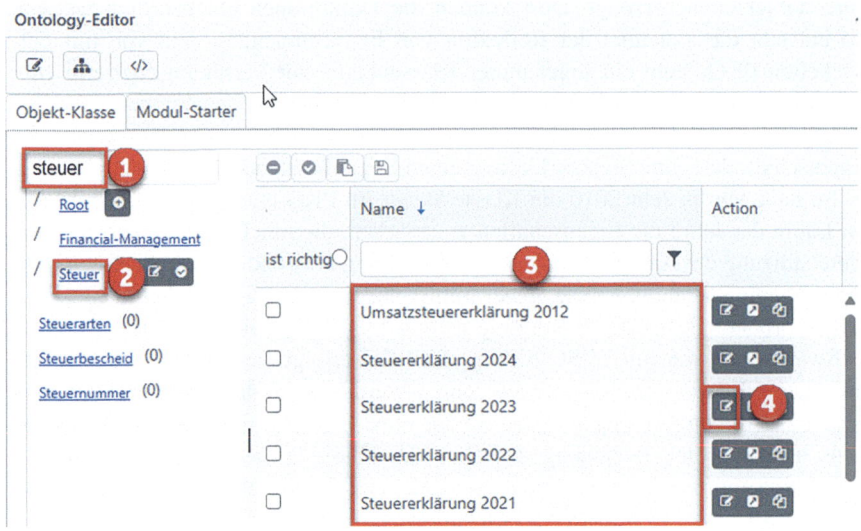

Abb. 9.1 Liste der im PKG integrierten Objekte zur Dokumentation u. a. der Einkommenssteuererklärungen

folge der Interaktion und wichtige Bereiche der Anwendung innerhalb der Interaktionen darstellen sollen, denen Erklärungen im Text darunter folgen.

① Der Klassenbaum wird durch den Suchstring *steuer* gefiltert.

② Die Klasse *Steuer* wird selektiert.

③ Durch die Selektion der Klasse *Steuer,* wird die Liste der Objekte geladen, die der Klasse zugeordnet sind. Ein Ausschnitt der Liste von Objekten wird angezeigt, die Steuererklärungen repräsentieren.

④ Eines der Objekte auf trägt den Namen *Steuererklärung 2023*. Über die umrahmte Schaltfläche kann der sogenannte Beziehungs-Editor geöffnet werden, der die Bearbeitung der Beziehungen ermöglicht, die zwischen dem Objekt *Steuererklärung 2023* und anderen Objekten hergestellt wurden.

Abb. 9.2 zeigt das Objekt *Steuererklärung 2023* im Beziehungseditor. Auf der linken Seite ist die Erwartung an das Objekt *Steuererklärung 2023* zu sehen. Diese Erwartung repräsentieren die Eigenschaften der Klasse Steuer.

① Beziehung zwischen der Klasse *Steuer* und der Klasse *Url*. Die Beziehung ist selektiert und auf der rechten Seite wird die Url zur Steuererklärung der Software WISO Steuer dargestellt.

② Beziehungen, die ausgehend vom Objekt *Steuererklärung 2023* zu anderen Objekten, wie dem Steuerbescheid, hergestellt wurden. Der schwarze Kreis vor den Bezeichnungen der möglichen definierten Klassenbeziehungen, zeigt an, dass Objektbeziehungen hergestellt wurden.

③ Klassenbeziehungen, die im Laufe der Jahre als notwendig definiert wurden, aber im Fall der *Steuererklärung 2023* nicht hergestellt wurden. Das Objekt

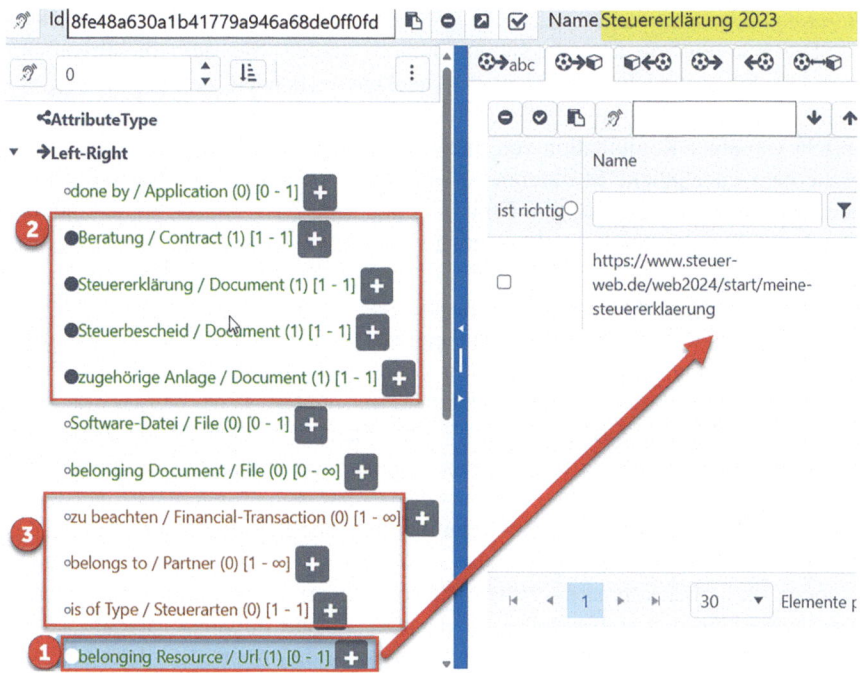

Abb. 9.2 Objekt Steuererklärung 2023 im Beziehungseditor

verstößt gegen die Erwartungen auf Klassenebene. Die Anwendung verhindert den Verstoß aber nicht, sondern macht ihn nur bewusst, um eine selbst bestimmte Reflexion von grenzüberschreitendem Wissen zu ermöglichen.

Die Klasse Steuer habe ich im Jahr 2010 in den PKG integriert. Seither wurden ihre Beziehungen immer wieder verändert und damit auch die Erwartungen an die geistigen Konzepte in Bezug auf Steuererklärungen. Die Erwartungen werden in Form von sogenannten Semantic Triple definiert. Dies sind menschlich lesbare Kombinationen aus drei Datenknoten, beispielsweise folgende:

Steuer ➔ *Beratung* ➔ *Contract.*

Dabei repräsentiert die linke Seite die erste Klasse, die rechte Seite die zweite Klasse. In der Mitte steht der Beziehungstyp, den Objekte der beiden Klassen eingehen. Der Beziehungstyp trägt im Fall der Beratungsverträge den Titel *Beratung*. Diese Beziehung wurde auf einer Erwartungsebene definiert. Mit ihrer Hilfe in Form der Darstellung als mögliche Beziehung im Beziehungs-Editor, habe ich die Beziehung des Abo-Vertrages bei der Buhl Data Service GmbH, zu *Steuererklärung 2023* hergestellt. Der Beziehungs-Editor dient als eine Art Hinweisgeber für die konkrete Ausgestaltung von Beziehungen von Objekten. Im Beziehungseditor werden nur die zwei rechten Wörter angezeigt, also

Beratung/Contract, da die Klasse *Steuer,* die Klasse des geöffneten Objektes ist. Die Kombination kann leicht interpretiert werden. Sie stellt die Erwartung dar, dass *Steuer*-Objekte mit *Contract*-Objekten verbunden werden können, um einen Beratungsvertrag abzubilden. Die offizielle Definition von Semantic Triple spricht von einer Kombination von Subjekt, Prädikat und Objekt, um leicht interpretierbare satzähnliche Strukturen zu erzeugen (vgl. w3.org, 1999). Ich habe in der Benutzung meines PKG die Erfahrung gemacht, dass es drei Worte sind, die eine leichte Interpretation von Beziehungen ermöglichen, da die Leserichtung vorgegeben ist.

Abb. 9.2 zeigt auf der linken Seite mehrere Triple in verschiedenen Farben. Dabei bedeutet grün, dass die Erwartungen des jeweiligen Triple an das geladene Objekt erfüllt sind. Braun bedeutet, dass Erwartungen nicht erfüllt wurden. Dabei wurde gegen eine definierte Regel verstoßen. Beispielsweise ist die Erwartung des Triple *Steuer/belongs to/Partner* nicht erfüllt. Hier sollte dem Objekt die Person zugeordnet sein, die der Steuererklärung zugeordnet werden kann. Dies ermöglicht, nicht nur meine Steuererklärungen zu verwalten, sondern beispielsweise auch Steuerklärungen anderer Familienmitglieder. Die Zuordnung habe ich bei der *Steuererklärung 2023* nicht hergestellt, da die Daten im PKG im Zweifel auf mich bezogen sind. Hier könnte die Erwartung so geändert werden, dass eine fehlende Zuordnung keinen Regelverstoß mehr darstellt. Sobald in einem Medium solche Regeln in Bezug auf mögliche Beziehungen von Informationen definiert werden, an die man sich bei der Arbeit mit den Informationen halten muss, spricht man von intentionalen Beziehungen, da sie bewusst definiert werden zur Verwirklichung eines bestimmten Nutzens. Werden solche Beziehungen explorativ hergestellt ohne vorherige Definition möglicher Beziehungen, beispielsweise innerhalb von Notizen in Note-Taking Tools, spricht man von semi-intentionalen Beziehungen, weil sie nicht im Vorfeld geplant wurden (vgl. Baltes, 2019). Die Regelkonformität ist im von mir entwickelten PKG nicht notwendig, da die dargestellten Regeln zum einen als Vorschläge dienen, nicht als Vorschriften und zum zweiten der Reflexion von Regelüberschreitungen dienen sollen, die notwendig sind, wenn Wissen in einem Lernprozess entstehen soll. Diese Form der Herstellung von Beziehungen, stellt eine besondere Art von semi-intentionalen Beziehungen dar, da zwar im Vorfeld Regeln definiert werden, welche Beziehungen möglich sind, diese Regeln aber überschritten werden können. Durch die Visualisierung der Regelverstöße wird ständig reflektiert. Der:die Nutzer:in kann eigenverantwortlich entscheiden, ob der Regelverstoß sinnvoll ist oder die Regel. So unterstützt das Medium beim Überdenken von Erwartungen und hilft dabei, sie entweder anzupassen oder sich an die Erwartungen zu halten. Mithilfe von Mechanismen, die in den folgenden Use Cases beschrieben werden, findet eine laufende Anpassung der Beziehungsstrukturen auf Erwartungsebene statt, die sich als mehr oder weniger strikt entwickeln, entsprechend des jeweiligen Use Cases, der abgebildet werden soll und der eigenverantwortlichen Entscheidungen, die der:die Nutzer:in trifft. Man könnte bei den strikten Regeln von selektiven Axiomen sprechen, bei den Grenzüberschreitung zulassenden Regeln von integrativen Axiomen.

9.1 Steuer 2023

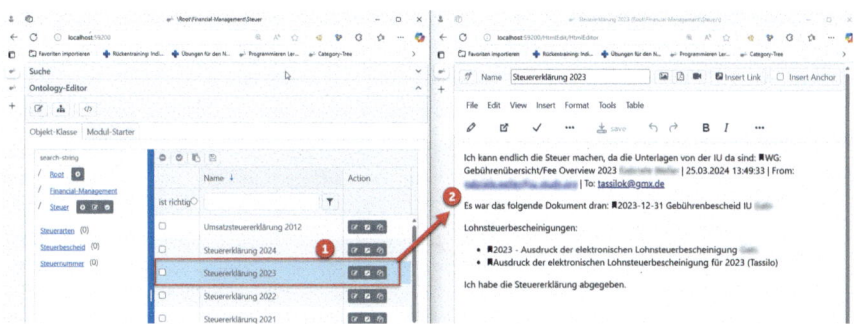

Abb. 9.3 Kommunikation eigenständiger Funktionscontainer

Die Modellierung im Spannungsfeld von Erwartung, Überschreitung, Lernprozess und Anpassung, führt dazu, dass aus einem Medium als Kommunikationspartner:in, ein:eine Lehrer:in wird, die die Selbstorganisation in den Vordergrund stellt. Der persönliche Lernprozess wird respektiert. Er entwickelt ein sich anpassender Erwartungs- und konkretisierungs-Zyklus.

Eine weitere Grundlage ist die Art und Weise, wie die integrierten Applikationen des PKG miteinander kommunizieren. Bei den Applikationen handelt es sich u. a. um einzelne Views, die bestimmte Aufgaben erledigen, wie der Beziehungseditor in Abb. 9.2. Daneben gibt es viele weitere Views, wie einen Viewer zur Anzeige von PDF-Dateien, die im PKG gespeichert wurden. Die Views wurden von mir im Laufe der Jahre ständig erweitert. Im Moment sind 158 Views in den von mir entwickelten PKG integriert. Neben dem PDF-Viewer gibt es einen Editor für Notizen, ein Video-Player, eine View zur Zeiterfassung usw. Diese Views stellen eine Art interaktive Funktionscontainer dar, die bestimmte Prozesse realisieren, wie das Abspielen von Videos oder das Verfassen von Notizen mit Referenzen zu Objekten in den Texten. Neben diesen Views gibt es eine Kommandozeilen-Schnittstelle, mit der bestimmte Aufgaben durchgeführt werden können, wie das Importieren von Kontobewegungen oder Emails. Die Funktionscontainer kommunizieren u. a. mithilfe des sogenannten publish-subscribe Pattern miteinander. dadurch wird es möglich, dass Funktion und Information unerwartete Verbindungen eingehen können und das reziprok-ambivalente Unterstützungspotential kann im PKG prozessual wirksam werden. Hierzu sind bestimmte Standardkanäle im PKG vorhanden. Es gibt einen Kanal, auf dem Referenzen von selektierten Objekten gesendet werden. Ein weiterer Kanal übermittelt Nachrichten, dass Objekte übernommen werden sollen für Datenänderungen.

Abb. 9.3 zeigt zwei unabhängige Browser-Fenster, die miteinander über einen Kommunikationskanal kommuniziert haben. Auf der rechten Seite wird der erweiterter Notizeneditor angezeigt, mit dem Notizen erfasst werden, in die Objekte referenziert werden können. So können Beziehungen zwischen Objekten hergestellt werden, die nicht im formal-deskriptiven Modell vorgesehen waren. Sie sind in den erzeugten Klassenbeziehungen nicht vorgesehen. Nicht nur das Objekt

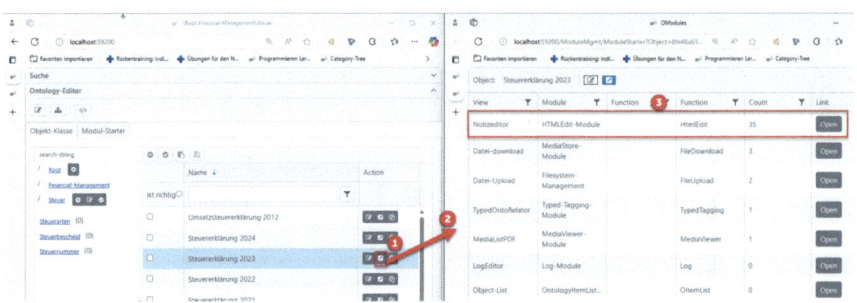

Abb. 9.4 View-Navigator geöffnet, ausgehend vom Objekt Steuer 2023

wird in der Notiz referenziert. Das referenzierte Objekt wird auch mit dem Objekt in Bezug gesetzt, dem die Notiz zugeordnet ist. Im Zentrum der Assoziationen stehen nicht die Notizen, sondern die Beziehung zwischen Objekten.

① Selektiertes Objekt *Steuer 2023*

② Durch die Selektion wird eine Nachricht auf dem Kanal der Selektion von Objekten verschickt, die von allen Views empfangen wird, die an dem Kanal angemeldet sind und bei denen der Empfang auf dem Kanal aktiviert ist. Im Beispiel ist es der Notizeditor.

③ Die Notizeditor-View hat die Nachricht empfangen und das Objekt *Steuer 2023* geöffnet, welches als Referenz in der Nachricht enthalten war.

Die Senderview auf der linken Seite von Abb. 9.3 weiß nichts über mögliche Empfänger. Die Empfängerview auf der rechten Seite von Abb. 9.3, hat eine Nachricht auf dem Kanal für die Selektion von Objekten empfangen und kennt den Sender ebenfalls nicht. Sie hat das Objekt geladen, dessen Referenz auf dem Kommunikationskanal übertragen wurde.

Diese Entkopplung auf prozessualer Ebene ist eine wichtige Basis dafür, dass es zu unerwarteten Kombinationen von Information und Funktion kommen kann, wodurch das prozessuale und reziprok-ambivalente Unterstützungspotential, kombiniert wirksam werden können.

Die nächste Grundlage besteht darin, dass Statistiken über das Interaktionsverhalten des:der Nutzer:in erfasst und genutzt werden, um zu „lernen", welche View der:die Anwender:in im Moment der Interaktion am sinnvollsten angeboten werden sollte, damit intuitives Arbeiten mit unerwarteten Verbindungen zwischen Informationen und Funktionen möglich wird. Es gibt im System die Möglichkeit, von jedem Objekt aus über eine Schaltfläche eine Liste von zur Verfügung stehenden Views zu öffnen, denen das Objekt zur Bearbeitung als Referenz übergeben werden kann.

Abb. 9.4 zeigt den View-Navigator ausgehend vom Objekt *Steuererklärung 2023*. Er listet die Views auf, die für das Öffnen des Objektes *Steuererklärung 2023* zur Verfügung stehen. Die Liste wurde anhand des Interaktionsverhaltens sortiert, sodass an erster Stelle die View angezeigt wird, die am häufigsten in Bezug auf Objekte der Klasse *Steuer* verwendet wurde.

9.1 Steuer 2023

① Am Objekt *Steuer 2023* wurde die Schaltfläche zum Öffnen des View-Navigators geklickt. Der View-Navigator bietet eine gewichtete Liste der möglichen Views, in denen das Objekt *Steuer 2023* bearbeitet werden kann.

② Der View-Navigator wird hierbei über eine „fest verdrahtete" Funktion geöffnet, die der Schaltfläche zugeordnet ist. Hierbei wird also nicht das publish-subscribe-Pattern umgesetzt, sondern die klassische Form der Integration von Funktionen in Anwendungen, gebunden an Schaltflächen während der Entwicklung der Anwendung, also im Vorfeld der Nutzung.

③ Dies ist die am höchsten gewichtete View, mit der das übergebene Objekte geöffnet werden kann. Der Notizeditor ist die am höchsten gewichtete View und wird an erster Stelle der Liste der möglichen Views zur Bearbeitung des Objektes *Steuer 2023* angezeigt. Der View-Navigator zählt, wie oft eine View mit einem Objekt einer bestimmten Klasse geöffnet wurde. Damit findet eine semantische Gewichtung statt.

An erster Stelle steht in Abb. 9.4 der Notizeditor, der über die Schaltfläche Open geöffnet werden kann. Ich habe also Objekte der Klasse Steuer am häufigsten mit dem Notizeditor bearbeitet. An zweiter Stelle ist die View Datei-Download zu sehen. Mit ihr können Dateien heruntergeladen werden, die mit dem Objekt verbunden wurden. Ich habe die View zweimal verwendet, um die Programmdatei der Steuersoftware herunterzuladen, mit der die Steuererklärung gemacht wurde. Im View-Navigator ist die semantische Gewichtung der Häufigkeit in der Spalte Count zu sehen. Die Gewichtung ist semantisch, da sie anhand der Zählung pro Klasse ermittelt wurde. An dieser Stelle ist die Nutzung von statistischen Ansätzen der künstlichen Intelligenz, zur Ermittlung der Gewichtung anhand der Beziehungskonstellationen der zu bearbeitenden Objekte denkbar. Meine Erfahrung mit dem simplen statischen Verfahren der semantischen Zählung von Interaktionen, spricht dafür, dass sich dadurch wesentlich komplexere Anwendungen entwickeln lassen, da wesentlich mehr Funktionen in eine Anwendung integriert werden könnten, die dann anhand der Interaktion „lernt", welche Funktionen benötigt werden. Dadurch würde eine Anwendung durch die Interaktion entstehen können. Während der Arbeit mit dem View-Navigator, ist eine sehr kurze Anlernzeit der Gewichtungen notwendig. Die Liste wird von mir meistens intuitiv genutzt, d.h. ich nehme die Liste kaum mehr war, sondern öffne automatisch die View, die ich gerade benötige. Die Integration von statistischen Verfahren in die Interaktion mit einem PKG, würde zu einer Kombination von statistischen und symbolischen Verfahren auf prozessualer Ebene persönlichen des Wissensmanagements führen. Wissensgraphen können dem Bereich der symbolischen Ansätze des Machine Learning zugeordnet werden (vgl. Ege, B., Paschke, A., 2021, S. 9). Dadurch wird es möglich eine maschinell unterstützte funktionale Entkopplung zu erreichen. Es wird erst durch die Interaktion bestimmt, welche Funktionen mit welchen Informationen verwendet werden sollen. Es könnten Anwendung geschaffen werden, die sich auf sehr hohem Niveau „selbst" umbauen anhand des Interaktionsverhaltens der Anwender:innen. Mit Objekten der Klasse Steuer, wurden zwei Views durch die Interaktion verbunden. Die Verbindung wurde durch mich als Entwickler im Vorfeld nicht vorgegeben. Dies könnte zu einem integrierten Anwendungssystem führen, bei dem der:die Anwender:in die Anwendungsgrenzen nicht mehr wahrnimmt, also zu einer einzigen, sich verändernden und individuellen Anwendung.

9.2 Programmieren Lernen mit meiner Tochter Paula

In diesem Kapitel wird beschrieben, wie der Autor mithilfe seines Personal Knowledge Graph seine Tochter dabei unterstützt, Programmieren zu lernen. Das System half bei der Recherche, welche Möglichkeiten für Kinder zur Verfügung stehen. Es unterstützte bei der Auswahl der Alternativen und ermöglichte die Organisation der Planung der gewählten Alternative. Der Autor wählte die Möglichkeit, seine Tochter selbst zu unterrichten. Dabei unterstützt der Personal Knowledge Graph den Prozess der Vorbereitung, Durchführung und Nacharbeit der Unterrichtseinheiten und ermöglicht eine stetige Weiterentwicklung des Unterrichts.

Meine Tochter Paula trat an mich heran und erzählte mir, dass sie Programmieren lernen will. Der erste Gedanke war, dass es sicher Kurse gibt, die Paula absolvieren könnte. Für die Recherche habe ich in meinem Personal Knowledge Graph (PKG) ein Projekt angelegt und diesem Projekt eine Notiz zugeordnet, in der ich meine Gedanken, den Status und auch Ergebnisse von Recherchen festhalten wollte. Die Notiz kann mithilfe eines Texteditors erstellt, formatiert und strukturiert werden, beispielsweise durch Textformatierung, Hintergrund oder Vordergrundfarben, eingebettete Bilder, Videos, Tabellen usw. Das Projekt trägt den Namen *Programmieren Lernen mit Paula*. Das Projekt weckte einen weiteren Gedanken in mir. Es war eine gute Gelegenheit, ein zweites Projekt mit meiner Frau zu initiieren, die momentan Medienpädagogik an einer Fernuniversität studiert. Sie könnte so ihre entstehenden Fachkenntnisse praktisch vertiefen und das Projekt könnte medienpädagogisch fundierter erarbeitet werden.

Es ergaben sich verschiedene komplexe Themenbereiche bzw. Use Cases, die abgedeckt werden mussten, zum einen der Use Case der Recherche in Bezug auf mögliche Kurse bzw. Alternativen, die mögliche Auswahl und die Organisation der Teilnahme. Hinzu kamen aber auch mögliche Use Cases in Bezug auf einen eigenen Unterricht sowie für das Projekt mit meiner Frau, wie die Frage nach dem systematischen Einsatz von Medien in einem möglichen eigenen Unterricht meiner Tochter.

Das in meinem PKG angelegte Objekt *Programmieren Lernen mit Paula*, ist einer Klasse mit der Bezeichnung *Project* zugeordnet. Damit nimmt das Objekt eine semantische Rolle an, die durch den Gegenstand Projekt repräsentiert wird. Daraus ergeben sich verschiedene geistige formale Implikationen, wie die Vorstellung, dass Projekte zeitlich begrenzt sind, also ein Start- und Enddatum besitzen oder die Vorstellung, dass Projekte eine Liste von abzuarbeitenden Aufgaben benötigen. Diese semantische Rolle dient der geistigen Orientierung und Organisation und wird medial mithilfe des Ordnungsprinzips der Klassifikation abgebildet. Objekte werden Klassen zugeordnet und damit werden bestimmte Erwartungen mit den Objekten verbunden, die sich aus deren semantischen und pragmatischen Rolle ergeben, die mit dem Klassennamen benannt wird. Vor einigen Jahren habe ich die Klasse *Project* in meinem PKG erzeugt und damals das erste Projekt zugeordnet. Dabei ging es um einen Fenstertausch im Haus meiner Mutter. Vorher gab es die Klasse *Project* im Klassenbaum des PKG nicht. Die Klasse wurde von mir im Zuge der praktischen Umsetzung des Fenstertausches angelegt. Dies resultierte aus der Vorstellung, dass ich größere private Projekte mit dieser Klasse repräsentieren könnte. Im Laufe der Arbeit mit diesem Konzept, habe ich der Klasse Eigenschaften zugeordnet, die aus meiner Sicht konkret nötig wurden. So ordnete ich im Laufe des Projektes der Klasse die Erwartung zu, dass sie Aufgaben besitzt. Während der Arbeit haben sich weitere Eigenschaften ergeben, wie zugeordnete Dokumente, E-Mails und andere Korrespondenzen, Teilprojekte, Partner, Internetquellen, Termine, Begriffe, Hardware, Telefonnummern, Use Cases, Räume, Fragen, Konzepte, Protokolle usw. Es findet eine Art verzögerte Klassifikation statt anhand meiner persönlichen Bedürfnisse und Situationen, sobald sie konkret notwendig wurden.

Zu Beginn der Arbeit am Projekt des Programmieren Lernens mit meiner Tochter, stand also die formal-deskriptive Zuordnung des geistigen Gegenstandes *Programmieren Lernen für Paula* zu der Klasse *Project*. Der zweite Schritt war die Zuordnung einer Notiz, in der ich explorativ am Projekt arbeiten konnte, da ich meine Gedanken ungeordnet und intuitiv ausformulieren konnte. Diese Kombination aus formal-deskriptiver Organisation und explorativer Ablage meiner Gedanken in einer Notiz, realisiert das reziprok-ambivalente Unterstützungspotential. Es wirkt wie eine Art geistige Brücke zwischen einschränkenden Ordnungsprinzipien und überschreitenden Gedankengängen. So ermöglicht es die geistige Orientierung am formal-deskriptiven Gegenstand Project und gleichzeitig ergibt sich das Potential der einfachen und intuitiven bzw. explorativen Überschreitung der formal-deskriptiven Grenzen innerhalb einer Notiz. Die Notiz, die dem Projekt zugeordnet wurde, stellt ein Medianartefakt des explorativen Unterstützungspotentials dar. In einer Notiz kann man Zusammenhänge intuitiv inhaltlich darstellen und aneinanderreihen bzw. in Bezug setzen, und zwar aus der Sicht der Person, die mit dem PKG arbeitet. So konnte ich beispielsweise notieren, dass mein erster Gedanke die Suche nach einem Kurs für Paula war, aber auch die Möglichkeit, ihr das Programmieren ohne Kurs beizubringen. Der PKG wird zu einem persönlichen Werkzeug, über deren Daten und Prozesse die damit arbeitende Person die Hoheit hat. Die Erzeugung und Nutzung des Konzepts Projekt, kann wiederum dem deskriptiven Potential zugeordnet werden. Es dient der Organisation der Gedanken für die langfristige Wiederverwendung, also der gedanklichen Weiterführung durch mich und ermöglicht nicht zuletzt die maschinelle

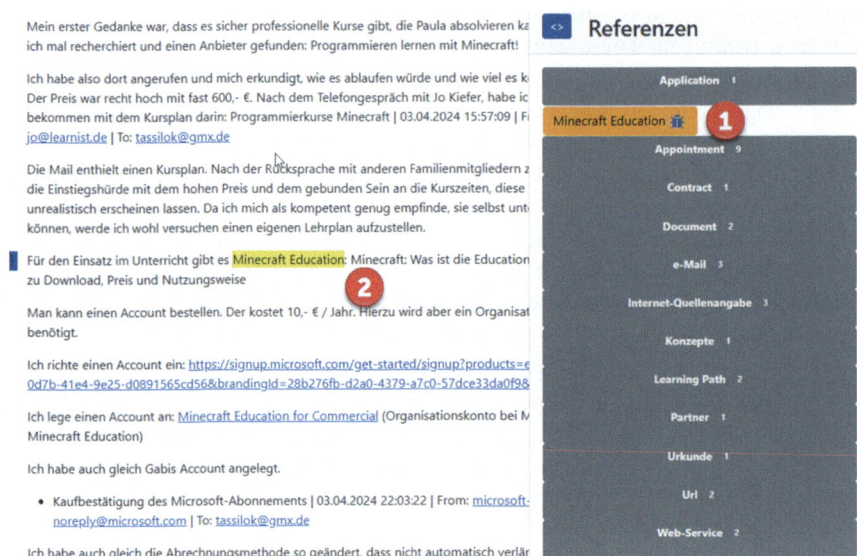

Abb. 9.5 Notiz mit referenzierten Objekten

Weiterverarbeitung der Inhalte, beispielsweise durch Gruppierung, Filterung, Repräsentation und Berechnung.

Das Projekt ist eingebettet in eine Graphen-Struktur, die während der Arbeit am Projekt potenziell verändert wird. Die Beziehungen werden innerhalb der Notizen semi-intentional hergestellt und es kommt zur verzögerten Klassifikation, da die Herstellung von Beziehungen zu anderen Objekten, gleichzeitig die Eigenschaften der zugehörigen Klassen ändert. Das bedeutet beispielsweise, dass in der Notiz, während des Schreibens Beziehungen zu möglichen Kursen hergestellt werden können oder zu anderen Objekten, wie einzelne Termine oder Lehrpläne, wodurch gleichzeitig implizite Eigenschaften der Klasse *Project* geändert werden. So entstehen unerwartete Beziehungen, die maschinell ausgewertet werden können. Da in dem von mir entwickelten PKG vor den Notizen die Wahl der passenden Klasse steht, stehen Beziehungen damit neben der Klassifikation und Exploration im Vordergrund des von mir entwickelten PKG. Beziehungen stellen somit eine Art first-class citizen meines PKG dar.[3]

Nach dem Anlegen des Projektes habe ich mit der Recherche zum Thema Programmieren Lernen für Kinder begonnen. Im Zuge der Recherche entdeckte

---

[3] Veltichov spricht in seinem Buch Personal Knowledge Graphs davon, dass die bestehenden Lösungen nicht die Beziehung in den Vordergrund stellen, sondern beispielsweise die Notiz. Beziehungen werden nicht als first-class citizen behandelt, was aber wichtig ist, um assoziativ arbeiten zu können (vgl. Velitchkov, 2023).

ich einige Kurse, für das Programmieren-Lernen mithilfe von Minecraft.[4] Ich erinnerte mich daran, dass sich Paula sehr für Minecraft interessiert und so informierte ich mich per Mail über die Kosten und den Ablauf eines der Kurse. Der von mir entwickelte PKG bietet die Möglichkeiten, Mails automatisiert in den PKG einzulesen und mit deren Metadaten anzureichern, u. a. Absender, Empfänger, Zeit des Empfangs. Diese Mails können in Notizen referenziert werden und so habe ich den Mailverkehr mit den Kursanbietern in der Notiz vermerkt.

Ich recherchierte weiter und entdeckte Minecraft Education.[5] Ich habe dafür in die Notiz ein Objekt mit der Bezeichnung Minecraft Education (Klasse *Application*) referenziert. Die Referenz ist in Abb. 9.5 zu sehen.

Abb. 9.5 zeigt das die markierte Annotation *Minecraft Education* (②) im Text der Notiz auf der linken Seite. Auf der rechten Seite ist eine Liste der referenzierten Objekte angeordnet, gegliedert nach den zugehörigen Klassen der Objekte. Hinter der Klassenbezeichnung steht die Anzahl der referenzierten Objekte der Klasse. Die Klasse *Application* ist ausgeklappt. Die Applikation *Minecraft Education* ist selektiert (①), wodurch die Textstelle markiert wurde, die mit der Applikation annotiert ist. Dabei zeigt sich das prozessuale Unterstützungspotential beim Klicken auf das Referenzobjekt. Durch den Klick wird die Textstelle markiert, wodurch die Wahrnehmung der angezeigten Informationen grundlegend geändert wird. Prozesse bestimmen die Interpretation von Informationen entscheidend mit und sind damit entscheidend für die Schaffung von Wissen.

Die Applikation wurde nicht nur mit der Notiz vernetzt, sondern gleichzeitig mit dem der Notiz zugeordneten Objekt, also dem Projekt *Programmieren Lernen mit Paula*. Dabei zeigt sich einer der großen Vorteile eines PKGs, die verzögerte Klassifikation. Die formal-deskriptiven Eigenschaften der Klasse *Project,* verändern sich während des Bearbeitens der Notizen. Durch diese explorative Vernetzung wird nicht nur das einzelne Projekt um eine Beziehung zu einem anderen Objekt erweitert. Es wird auch die Klasse *Project* um konkrete Beziehungen zu anderen Klassen erweitert. Notizen ermöglichen das Herstellen von semi-intentionalen Beziehungen, das sind Beziehungen, die hergestellt werden, ohne ein Regelwerk im Hintergrund, welches besagt, ob eine Beziehung aufgebaut werden darf oder nicht. Die Beziehungen werden zwischen Objekten während des Schreibens der Texte explorativ hergestellt (vgl. Baltes, 2019).

Die konkreten Beziehungen zwischen Klassen, können mithilfe einer Abfragesprache so abgefragt und zusammengefasst werden, dass sie in einem Bericht dargestellt werden können, der während der Arbeit entstehende Fragen über die bisherige Arbeit beantworten kann. Abb. 9.6 zeigt einen Teil eines Berichts, der die

---

[4] Minecraft ist ein Sandbox-Spiel, welches es ermöglicht, eine offene Spielwelt möglichst frei zu bebauen (https://de.wikipedia.org/wiki/Minecraft). In Minecraft Education gibt es vorgefertigte Lektionen für verschiedene Themen, beispielsweise für das Lernen der Grundlagen des Programmierens.
[5] Minecraft Education ist eine Minecraft-Umgebung, die für Schulen entwickelt wurde für Unterrichtszwecke, u. a. zum Programmieren Lernen (https://education.minecraft.net/en-us).

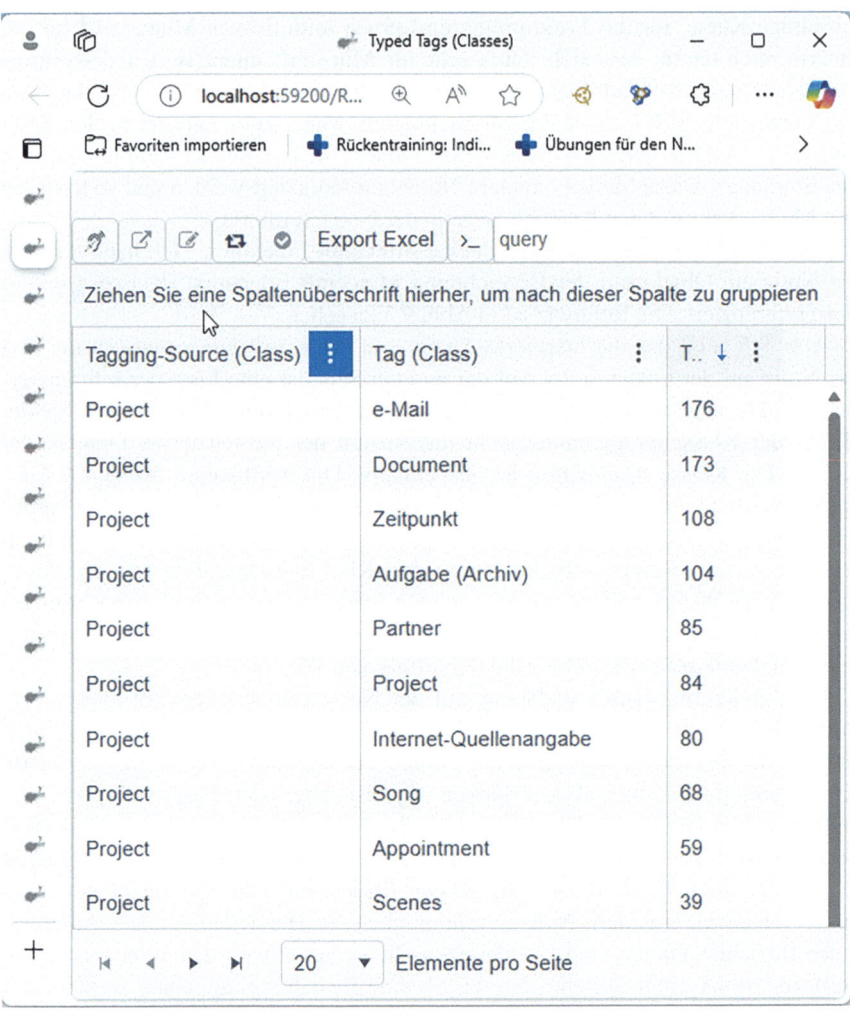

Abb. 9.6 View für Berichte, die mit Projekten referenzierte Klassen anzeigt

Beziehungen darstellt. Er wurde nach der Klasse Project gefiltert und zeigt eine Liste der Klassen an, die mit Hilfe von Notizen mit der Klasse Project verbunden wurden. Der Bericht ist sortiert nach der absteigenden Anzahl der referenzierten Objekte. Am häufigsten habe ich bisher Projekte in Notizen mit Dokumenten, E-Mails, Aufgaben und Zeitpunkten vernetzt. Hier zeigt sich das prozessuale Unterstützungspotential in der Veränderung der Liste durch Filterung und Sortierung. Dadurch wird die Perspektive auf die Zusammenhänge geändert und unerwartetes Wissen kann entstehen.

Der Bericht aus Abb. 9.6 wurde mithilfe einer Abfragesprache erstellt. Die zu Grunde liegende Abfrage liefert eine Liste von Klassenbeziehungen, die mithilfe von Notizen über die zugehörigen Objekte miteinander assoziativ verbunden wurden. Dadurch werden teilweise unbekannte und unerwartete Zusammenhänge

9.2 Programmieren Lernen mit meiner Tochter Paula

sichtbar. In diesem Fall sind es die Klassen, die mit der Klasse Project über Notizen am häufigsten verbunden wurden. Erkenntnisse aus dem Bericht helfen dabei, den geistigen Gegenstand eines Projektes zu formen und zu konkretisieren. Die Vorstellung, was ein Projekt ist, ändert sich während der konkreten Arbeit an Projekten. Die Nutzung solcher Berichte mithilfe einer Abfragesprache, ist eine Möglichkeit zur Aktivierung des Potentials der Nutzung von unbewussten Beziehungen (vgl. Baltes, Anadiotis, 2019).

Hierbei werden zwei große Vorteile eines PKGs sichtbar. Zum einen ist dies die verzögerte Klassifikation. Zum anderen zeigen sich verstärkt unerwartete Zusammenhänge, die notwendig sind, damit das Medium zu einem:einer reflektierenden Gesprächspartner:in werden kann. Die Vernetzung bzw. Assoziation ist eine wichtige Grundlage, um eine Kommunikation zwischen mir als Anwender und meinem Personal Knowledge Graph zu ermöglichen, Kommunikation im Sinne unerwarteter Zusammenhänge, die Gedanken im Moment ihres Auftretens verändern und gleichzeitig langfristige Abbildung von Abhängigkeiten zwischen gedanklichen Zusammenhängen ermöglichen (vgl. Luhmann, 1981). Damit wird das Medium zu einem reflektierenden Kommunikationspartner. Die Vernetzung von Objekten mithilfe von Notizen, stellt eine Kombination von formal-deskriptivem und explorativem Unterstützungspotential dar.

Im weiteren Verlauf des Projekts *Programmieren Lernen mit Paula* fand ich heraus, dass für Minecraft Education ein Geschäfts-, Schul- oder Unikonto bei Microsoft benötigt wird. Ich habe also ein solches Konto erzeugt, um Minecraft Education nutzen zu können. Im PKG habe ich einen Vertrag angelegt, dem ich Eigenschaften zugewiesen habe, wie das Startdatum des Vertrags, den Vertragsgeber, also Microsoft und den Vertragsnehmer, also ich. Außerdem habe ich dem Vertrag die Bestätigungsmail von Microsoft über die Kaufbestätigung zugeordnet, die wiederum eigene Eigenschaften besitzt, wie das Datum, an dem die eMail empfangen wurde. Diese Zuordnung habe ich nicht über Notizen vorgenommen, sondern über den Beziehungseditor.

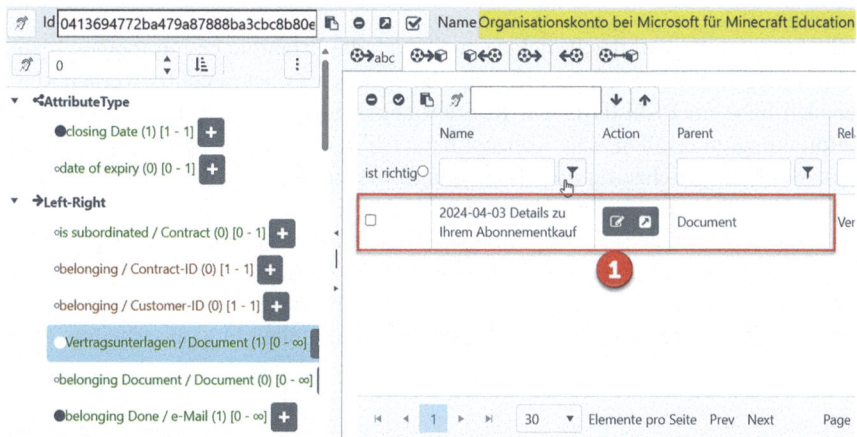

Abb. 9.7 Vertragsunterlagen zum Vertrag im Objekt-Beziehungs-Editor

① Zugeordnete Vertragsunterlagen der Klasse *Document*

Der Beziehungseditor ermöglicht neben der Bearbeitung der Beziehungen auch die Navigation zwischen den Knoten. Man kann ausgehend von einer Beziehung, den jeweils auf der anderen Seite der Beziehung stehenden Knoten öffnen. So kann man vom Projekt zum Vertrag navigieren oder zur Bestätigungsemail von Microsoft. Es kann aber auch von der Bestätigungsmail zum Projekt oder zum Vertrag navigiert werden. Auf diese Art und Weise entstehen komplexe, unerwartete Ketten von abgelegten Gedanken, die von jedem Punkt aus mithilfe des Mediums gedanklich betreten werden können. Es entsteht ein assoziatives, nichtlineares Medium.

Auf der linken Seite von Abb. 9.7, ist die Erwartung an ein Objekt der Klasse Contract (Vertrag) dargestellt. Die Farben drücken Regeln aus, die in Bezug auf diese Beziehungen definiert wurden. Grün bedeutet, dass kein Verstoß einer Regel vorliegt. Sandfarben bedeutet, dass ein Verstoß vorliegt. In Abb. 9.7 wurde gegen die Regeln verstoßen, dass genau eine Vertragsnummer (Contract-ID) vorliegen sollte. Das System verhindert die Verstöße nicht, sondern artikuliert sie und ermöglicht so eine Reflexion, ob der Verstoß sinnvoll ist oder die definierte Regel. Gebundene Grenzüberschreitung wird möglich. Dies ist notwendig, da sich die Gegenstände im Kopf im Zuge der konkreten geistigen Arbeit mit diesen Gegenständen, ständig ändern, vor allem in persönlichen Kontexten. Es findet ein sich fortlaufend wandelnder Lernprozess statt. Mit dieser reflektierenden Kommunikation in Bezug auf definierte geistige Regeln, wird aus dem:der Kommunikationspartner:in Medium, den Luhmann in seinem Zettelkasten sah, ein:eine Lehrer:in, die im Kopf des:der Anwender:in reflektierende Fragen stellt. Die definierten Erwartungen sind formal-deskriptiv, die Überschreitung der formal-deskriptiven Erwartungen, in Abb. 9.7 dargestellt in braun, ist explorativ. Die Reflexion durch die Darstellung der Grenze zwischen Bindung an die Erwartungen und explorativer Überschreitung, mündet im reziprok-ambivalenten Unterstützungspotential, sobald das Medium dabei unterstützt, die Grenzüberschreitung im Verhältnis zur Bindung zu reflektieren. Das Medium wird zum:zur Lehrer:in.

Im weiteren Verlauf des Projektes, wollte ich die Erfahrungen mit meiner Tochter so reflektieren, dass sie im medienpädagogischen Projekt genutzt werden können. Ich habe im PKG dafür ein Konzept angelegt, dass dabei helfen soll, diese Anforderung zu erfüllen. Das Konzept habe ich in der Notiz zum Projekt referenziert, wodurch gleichzeitig eine Beziehung zwischen dem Projekt und dem Konzept hergestellt wurde, nicht nur zwischen Notizen.

In der Notiz, die dem Konzept *Programmieren lernen* zugeordnet ist (Abb. 9.8), werde ich die Erfahrungen reflektieren und in Bezug auf die Ausarbeitung eines allgemeinen Konzeptes, wie man Kindern das Programmieren mithilfe von bestimmten Medien beibringen könnte, zusammen mit meiner Frau ausarbeiten.

9.2 Programmieren Lernen mit meiner Tochter Paula

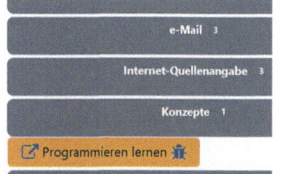

Abb. 9.8 Die Annotation des zu entwickelnden pädagogischen Konzept in der Notiz zum Projekt

Nach dem Notieren der Vertragsunterlagen, habe ich Minecraft Education installiert und mir die Software etwas näher angesehen. Dort gibt es Lektionen, die verwendet werden können, diese sind in beispielsweise auf eine Unterrichtsstunde ausgelegt und erfordern eine mehr oder weniger lange Vorbereitungsphase, da Unterrichtsziele und verschiedene gestellte Aufgaben im Vorfeld des eigentlichen Unterrichts durchgearbeitet werden sollten, damit ein Verständnis für die Lektion aufgebaut werden kann. Ich wollte kleiner beginnen, um mich dem Thema lernend nähern zu können und der ersten Programmiersession mit meiner Tochter einen recht offenen und vor allem ungezwungenen Charakter geben zu können, deshalb habe ich nicht mit den Lektionen begonnen.

Um aber gleichzeitig eine systematische Vorgehensweise zu gewährleisten und die Erkenntnisse in einem weiterführenden medienpädagogischen Projekt verwenden zu können, habe ich mir eine hierarchische Liste der Programmiergrundlagen erstellt, die vermittelt werden sollen und die ich in den Sessions mit meiner Tochter systematisch vertiefen will. Abb. 9.9 zeigt die hierarchische Darstellung von Objekten, die der Klasse *Programmiergrundlagen* zugeordnet wurden.

Die zwei Grundlagen *Funktion* und *Prozedur*, sind dem Objekt *Strukturierung* über den Beziehungstyp *contains* zugeordnet. Der Beziehungstyp *contains* kann maschinell genutzt werden, um eine hierarchische Darstellungsform zu erzeugen, die als Baum (Abb. 9.10) visualisiert wird.

Neben der hierarchischen Darstellung, kann auch eine Graph-View (Abb. 9.10) oder ein tabellarischer Bericht (Abb. 9.11) angezeigt werden.

Ich habe mir die Programmierbeispiele angesehen, die in der Software Minecraft Education angeboten werden. Dazu habe ich eine Internetseite gefunden, die verschiedene Beispiele beschreibt.[6] Die Beispiele sind nach Kategorien bzw. Wissensniveau gegliedert. Im PKG habe ich eine Klasse *Beispiele (Minecraft)* angelegt und u. a. mit den Klassen *Category* und *Wissensniveau* Beziehungen auf der Erwartungsebene hergestellt. Damit werden Objekte der Klassen *Category* und *Wissensniveau* zu Eigenschaften der Objekte *Beispiele (Minecraft)* (Abb. 9.12).

---

[6] Programmierbeispiele finden sich auf der Internetseite https://minecraft.makecode.com/examples

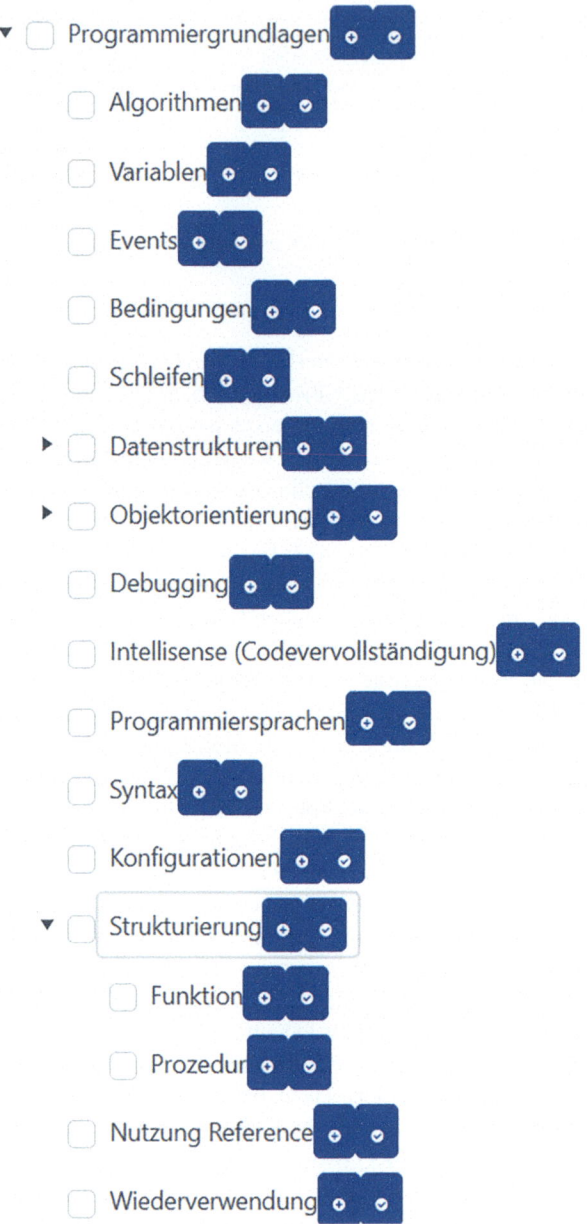

Abb. 9.9 Hierarchische Darstellung eines teils der Programmiergrundlagen in der Object-Tree View

9.2 Programmieren Lernen mit meiner Tochter Paula

Abb. 9.10 Vernetzung der Programmiergrundlagen in einer Graph-View

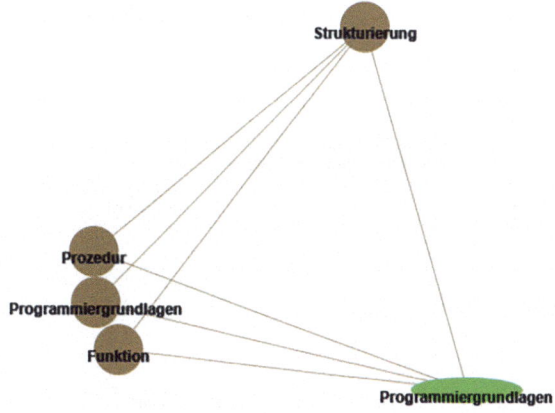

Programmiergrundlagen (Path)	Programmiergrundlagen (Order) ↑	Programmiergrundlagen
	0000	Programmiergrundlagen
\Programmiergrundlagen	0000,0001	Algorithmen
\Programmiergrundlagen	0000,0002	Variablen
\Programmiergrundlagen	0000,0003	Events
\Programmiergrundlagen	0000,0004	Bedingungen
\Programmiergrundlagen	0000,0005	Schleifen
\Programmiergrundlagen	0000,0006	Datenstrukturen
\Programmiergrundlagen\Datenstrukturen	0000,0006,0001	Arrays/Listen
\Programmiergrundlagen\Datenstrukturen	0000,0006,0001	Enums
\Programmiergrundlagen\Datenstrukturen	0000,0006,0001	Dictionaries
\Programmiergrundlagen\Datenstrukturen	0000,0006,0001	Sets
\Programmiergrundlagen	0000,0007	Objektorientierung
\Programmiergrundlagen\Objektorientierung	0000,0007,0001	Vererbung
\Programmiergrundlagen\Objektorientierung	0000,0007,0001	Klassen und Objekte
\Programmiergrundlagen\Objektorientierung	0000,0007,0001	Polymorphismus
\Programmiergrundlagen	0000,0009	Debugging

Abb. 9.11 Bericht der Programmiergrundlagen, hierarchisch sortiert – Spalte Programmiergrundlagen (Order)

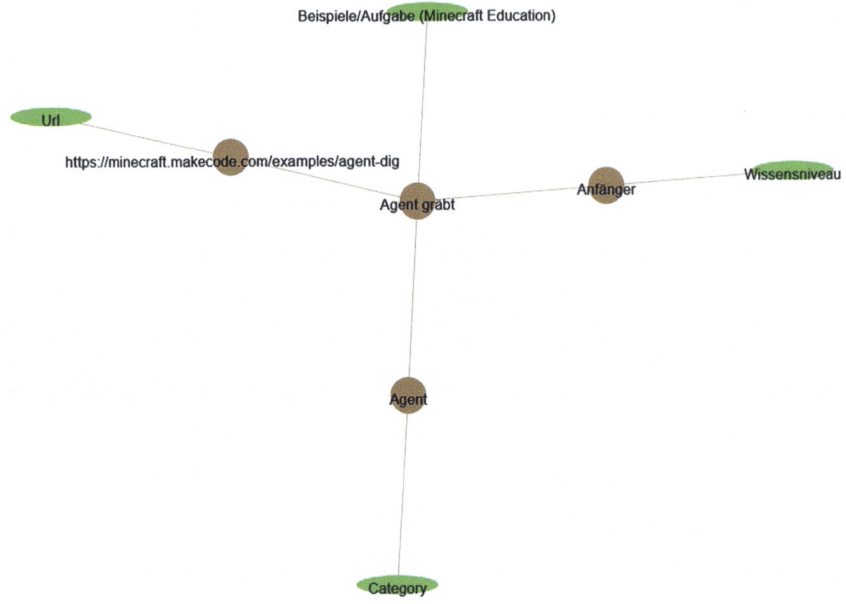

Abb. 9.12 *Beispiel Agent gräbt mit Wissensniveau, Kategorie und Quell-Url*

Ich habe den Beispielen außerdem die Programmiergrundlagen zugeordnet, die in den Beispielen behandelt werden. In Abb. 9.13 ist die Vernetzung des Beispiels *Agent gräbt*[7] mit den Programmiergrundlagen *Schleifen*, *Events* und *Variablen* zu sehen.

Den Gesamtzusammenhang der Beispiele und Programmiergrundlagen, der in Form einer Graph-Darstellung wenig übersichtlich wäre, habe ich wieder mithilfe einer Abfragesprache modelliert und dafür einen Bericht erstellt, der als Überblick dient. Der Gesamtzusammenhang stellt meine persönliche Ontologie der *Beispiele (Minecraft Education)* dar.

Abb. 9.14 zeigt einen Ausschnitt aus einem Bericht, der Programmierbeispiele, eine Beschreibung, das Wissensniveau, die Url und die Kategorie zum Beispiel enthält. Berichte können auch ganze Notizen enthalten, wie am untersten Beispiel zu sehen ist. Der Bericht kann nach dem Wissensniveau gefiltert werden und die Url kann direkt aus dem Bericht heraus aufgerufen werden.

Es war so weit, der erste Termin mit meiner Tochter kam. In dieser ersten Programmiersession habe ich einige der Programmierbeispiele durchgearbeitet und eine weitere Eigenschaft ergänzt, und zwar die Beziehung der Beispiele zu den Programmiergrundlagen. Dadurch wurde die persönliche Ontologie der Bei-

---

[7] Im Beispiel Agent gräbt, geht es darum, in Minecraft Education eine Helfer-Figur automatisiert ein Loch graben zu lassen (https://minecraft.makecode.com/examples/agent-dig).

9.2 Programmieren Lernen mit meiner Tochter Paula

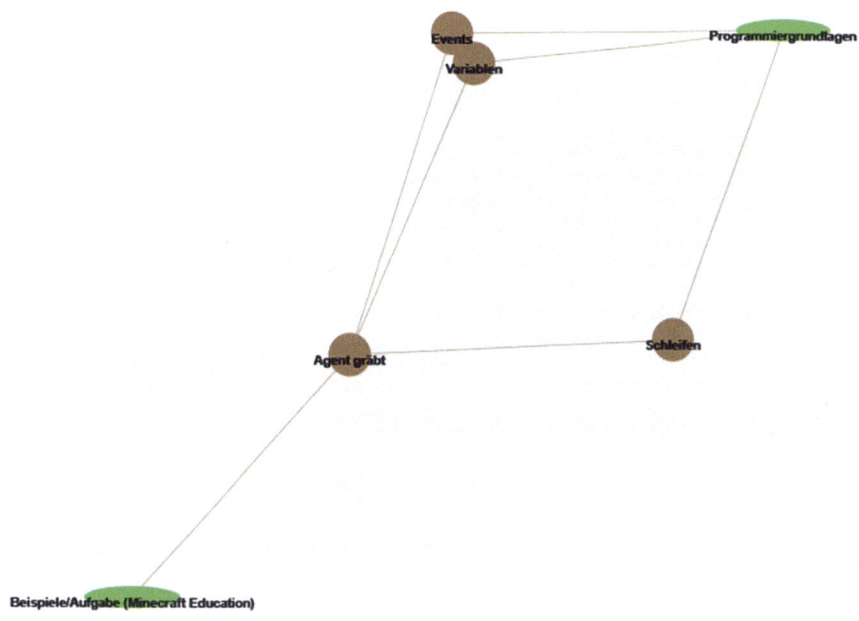

Abb. 9.13 Behandelte Programmiergrundlagen im Beispiel Agent gräbt

Beispiel ↑	Beschreibung	Wissensniveau	Url	Kategorie
			...dig	
Agent wandert	Der Agent läuft zufällig herum und hinterlässt eine Spur von Blöcken.	Fortgeschrittener	https://minecraft.make... wanderer	Agent
Auf Wasser laufen	Man kann auf Wasser laufen, da das Wasser mit Eis ersetzt wird.	Fortgeschrittener	https://minecraft.make... on-water	Super Powers
Blumenpfad	Blumen sprießen hinter dem Spieler beim Laufen aus dem Boden.	Anfänger	https://minecraft.make... trail	Super Powers
GAME OVER!	Teleportiert alle Spieler in den Void.	Profi	https://minecraft.make... over	Super Powers
Graben	Während des Laufens wird ein Graben durch die Erde gegraben.	Fortgeschrittener	https://minecraft.make... powers	Super Powers
	Das Programm lässt TNT regnen und am Boden explodieren. Der folgende Code gehört zu Tynker:			

Abb. 9.14 Programmierbeispiele mit Beschreibung, Wissensniveau, Url und Kategorie

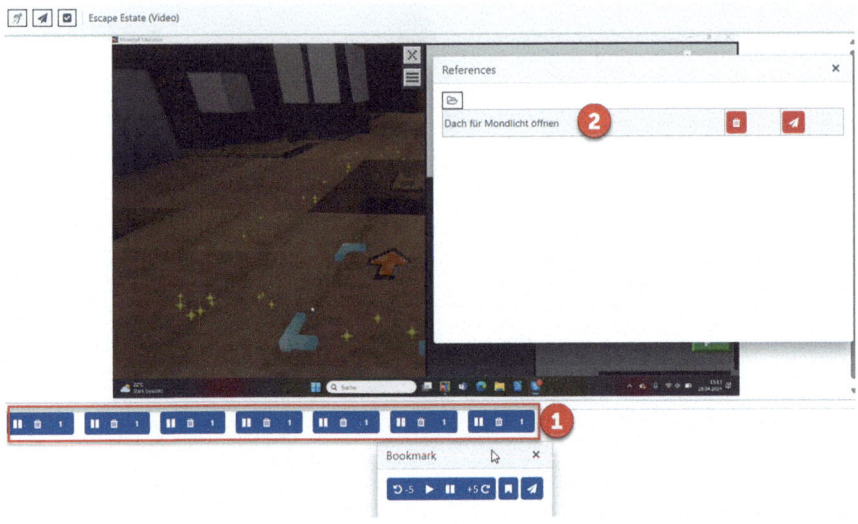

Abb. 9.15 Video, in dem Bookmarks gesetzt wurden, denen wiederum Objekte zugeordnet wurden

spiele um eine weitere Eigenschaft erweitert, und zwar die darin demonstrierten Programmiergrundlagen. In die Notiz zur Programmiersession, habe ich die durchgearbeiteten Beispiele mit den Programmiergrundlagen annotiert. Dadurch entstand ein formaler und komplexer Zusammenhang zwischen Projekten, Terminen, Beispielen und vermittelten Programmiergrundlagen.

Neben diesen kleinen Beispielen gibt es aber wie bereits erwähnt, noch ganze Lektionen, beispielsweise mit der Bezeichnung Hour of Code.[8] Ich habe eine Hour of Code mit der Bezeichnung Escape Estate für die zweite Programmiersession ausgewählt und vor dem Termin durchgearbeitet. In der Hour of Code geht es darum, aus einem Anwesen mithilfe von Programmierung zu entkommen. In der Programmiersession habe ich Paula bei der Durcharbeitung an den Stellen unterstützt, an denen sie nicht weiterkam. Außerdem habe ich ihr die behandelten Programmiergrundlagen oder alternative Lösungen an passenden Stellen erklärt. Währenddessen habe ich einen Video-Mitschnitt der Session gemacht und diesen nach der Programmiersession mit einer View meines PKG analysiert, um das Video nach Programmieraufgaben bzw. Beispielen zu gliedern und die Programmiergrundlagen zuzuordnen. Hierzu kann ich in der View Bookmarks in Videos setzen und damit das Video mit Objekten annotieren. In Abb. 9.15 ist das

---

[8] „Die Hour of Code ist eine globale Bewegung der Computer Science Education Week und Code.org." (khanacademy.org, o.D.)

9.2 Programmieren Lernen mit meiner Tochter Paula

Objekt zum Medium	Klasse der annotierten Referenz	Annotierte Referenz	TimeStamp ↑
Die Stunde des Codes: Inklusion	Beispiele/Aufgabe (Minecraft Education)	Agent zum Goldenen Feld laufen lassen	00:06:31
Die Stunde des Codes: Inklusion	Programmiergrundlagen	Algorithmen	00:06:31
Die Stunde des Codes: Inklusion	Programmiergrundlagen	Schleifen	00:06:31
Die Stunde des Codes: Inklusion	Beispiele/Aufgabe (Minecraft Education)	Geschenk nehmen	00:07:39
Die Stunde des Codes: Inklusion	Beispiele/Aufgabe (Minecraft Education)	Anlegestelle bauen	00:09:49
Die Stunde des Codes: Inklusion	Programmiergrundlagen	Schleifen	00:09:49
Die Stunde des Codes: Inklusion	Beispiele/Aufgabe (Minecraft Education)	Lorenbahn bauen	00:20:25
Die Stunde des Codes: Inklusion	Programmiergrundlagen	Schleifen	00:20:25
Die Stunde des Codes: Inklusion	Beispiele/Aufgabe (Minecraft Education)	Feld bewirtschaften	00:32:16
Die Stunde des Codes: Inklusion	Programmiergrundlagen	Schleifen	00:32:16
Die Stunde des Codes: Inklusion	Beispiele/Aufgabe (Minecraft Education)	Ball per Aufzug wiederbeschaffen	00:40:31

Abb. 9.16 Im Video referenzierte Programmiergrundlagen mit zeitlicher Position im Video

eine Stelle im Video zu sehen mit einem ausgewählten Bookmark, dem ich die an der abgebildeten Stelle durchzuführende Aufgabe zugeordnet ist.

① Bookmarks, die von mir während der Analyse des Videos erzeugt wurden

② Mit einem der Bookmarks vernetzte Programmieraufgabe *Dach für Mondlicht* öffnen

In den folgenden Programmiersessions haben wir mehrere dieser Hour of Code durchgearbeitet und Videos aufgezeichnet, die ich anschließend u. a. mit Programmiergrundlagen annotiert habe. Abb. 9.16 zeigt einen Ausschnitt aus einem Bericht, der die verknüpften Programmiergrundlagen und Aufgaben (Spalte *Annotierte Referenz*) und die Stelle im Video (Spalte *TimeStamp*) der Hour of Code *Die Stunde des Codes: Inklusion* zeigt.

Der Bericht in Abb. 9.16 ist gefiltert nach der Stunde des Codes und nach Programmiergrundlagen bzw. Aufgaben. Die blau hinterlegten vertikalen drei Punkte deuten dies an. Ohne Filterung zeigt der Bericht alle annotierten Medien im PKG an, also beispielsweise Videos und Hörbücher und alle annotierten Objekte.

Über das Kommunikationssystem des PKG, kann die Stelle aus dem Bericht heraus im Video abgespielt werden, an der die jeweilige Programmiergrundlage annotiert wurde. Sobald im Bericht eine Zelle angeklickt und diese Zelle ein Objekt repräsentiert, wird eine Nachricht auf dem Standard-Kommunikationskanal für selektierte Objekte verschickt. Ein geöffneter Player empfängt die Nachricht und springt zur annotierten Stelle. Abb. 9.17 zeigt diese Kommunikationsverbindung zwischen dem Fenster des Berichts und dem Fenster des Players. Die

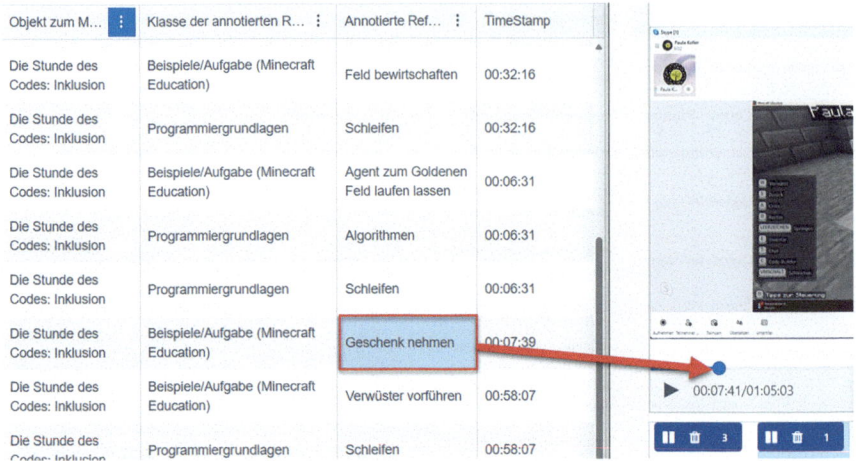

Abb. 9.17 Durch das Selektieren eines Bookmarks im Bericht, springt der Videoplayer an die entsprechende Stelle im Video

Programmieraufgabe *Geschenk nehmen* wurde selektiert und der Player ist an die erste Stelle gesprungen, an der *Geschenk nehmen* annotiert wurde.

Diese prozessuale Verbindung wird erreicht durch einen Event, der beim Klicken bzw. Selektieren eines Objektes ausgelöst wird und über einen Kommunikationskanal verschickt und empfangen wird. Views, wie der Video-Player, empfangen den Event und verarbeiten ihn entsprechend weiter, beispielsweise durch das Springen an eine Position in einem Video. So entsteht eine neue Form des prozessualen Unterstützungspotentials, das anhand von kommunizierten Objektreferenzen bestimmte Funktionen ausführt, wie das Aktivieren eines Bookmarks in einem Video, der mit dem Objekt referenziert wurde. Dabei ist die Entkopplung von Sender und Empfänger wichtig, damit scheinbar unabhängige Anwendungen interaktiv miteinander verbunden werden können, sodass eine unerwartete Kommunikation auch auf prozessualer Ebene möglich wird.

Im Verlauf des Projekts folgte eine Zeit, in der die Vorbereitungs- und Nachbearbeitungsphase kurz ausfielen, aufgrund von Arbeitslast im beruflichen Umfeld. Ich habe die in Minecraft Education angebotenen Lektionen, in der in Minecraft Education vorgeschlagenen Reihenfolge übernommen und abgearbeitet. Vor der Programmiersession habe ich die jeweilige Lektion oberflächlich angespielt. Während der Programmiersession habe ich notiert, was für die Nacharbeit bzw. ein evtl. pädagogisches Konzept wichtig sein könnte. Die Notizen sind mit Terminen (Klasse Appointments) der jeweiligen Programmiersession verbunden. Die Termine wurden wiederum mit zusätzlichen Metadaten angereichert, wie dem Start- und Enddatum sowie der Start- und Endzeit der jeweiligen Programmiersession. Außerdem habe ich nach den Programmiersessions die aufgezeichneten Videos mit Objekten annotiert. Dabei habe ich Programmiergrundlagen, Programmierbeispiele oder auch Programmiersprachen referenziert. Auf diese Art und Weise entsteht eine komplexe und vor allem kontextbezogene Gliederung der Videos. Es wird möglich verschiedene Blickwinkel auf die Gliederungen einzunehmen, beispielsweise aus einer Sicht, die zeigt, welche Programmiersprachen, Beispiele bzw. Grundlagen bisher verwendet wurden. Auch die Frage, welche Videos bisher innerhalb des Programmierkurses zu welchem Zeitpunkt aufgezeichnet wurden, lässt sich über Abfragen beantworten.

Als wieder etwas mehr private Zeit zur Verfügung stand, habe ich dann den bisherigen Verlauf reflektiert. Ich bin die Notizen der Programmiersessions durchgegangen und habe sie nach unerkannten Zusammenhängen untersucht, die für ein pädagogisches Konzept wichtig sein könnten, aber auch für die Planung der nächsten Programmiersessions herangezogen. Dabei stand eine Frage am Anfang, welche Programmiergrundlagen ich innerhalb der Programmiersessions bereits behandelt hatte und welche noch fehlten.

Um diese Frage beantworten zu können, nutzte ich die Abfragesprache, um eine Abfrage zu formulieren, deren Abfrageergebnis mithilfe eines Berichts angezeigt werden kann. Der Bericht zeigt, welche Programmiergrundlagen bereits abgearbeitet wurden und welche noch fehlen. Außerdem wollte ich zusätzliche Informationen in den Bericht integrieren, wie das Datum, an dem die jeweilige Programmiergrundlage behandelt wurde. Zusätzliche wollte ich Information integrieren, wie oft die jeweilige Programmiergrundlage schon behandelt wurde. Den Bericht kann ich so immer wieder nutzen, um mich bei der Planung der nächsten Schritte zu unterstützen.

Um die Abfrage erstellen zu können, musste ich zum einen die in den Notizen integrierten Referenzen, als auch die über den Beziehungseditor hergestellten Beziehungen analysieren. Ich musste also die explorative Vernetzung über Notizen und die formal-deskriptive über den Beziehungseditor analysieren. Man könnte von einer Wissensinventur sprechen, die laufend durchgeführt werden muss. Aufgrund der vielen verschiedenen Möglichkeiten, die Informationen im PKG zu analysieren und der Nähe der Inhalte zum eigenen Denken, führt diese Analyse bei mir sehr häufig zu einem spürbaren Erkenntnisgewinn, wodurch die Motivation der Arbeit mit dem PKG erhöht wird. Die Strategie der regelmäßigen Reviews, wird auch von anderen Autoren empfohlen (vgl. Gallet, 2023). Sie sind notwendig, da die Informationen im PKG teilweise widersprüchlich und mehrdeutig sind, was dem persönlichen Konfliktfeld zwischen (formal-)deskriptiver Ebene und explorativer Ebene geschuldet ist. Durch die Inventur kommt es zur geistigen Reflexion des Konflikts. Mehrdeutigkeiten können in Form von verschiedenen Blickwinkeln über Abfragen analysiert oder auch aufgelöst werden, wenn dies nötig ist. Als Ausgangspunkt dieser Analyse wählte ich die Termin-Objekte (Klasse *Appointment*) mit ihren zusätzlichen Metadaten, wie Start- und Enddatum. Abb. 9.18 zeigt das markierte Startdatum mit Startzeit der ersten Programmiersession im Beziehungseditor.

Die Liste der betreffenden Termine erhielt ich aus einer Auflistung der Beziehungen zum Projekt, denn in der zugehörigen Notiz zum Projekt hatte ich alle Termine annotiert. Bisher fanden 8 Programmiersessions statt. Ich überprüfte die Termine auf Beziehungen zu Programmiergrundlagen. Für eine solche Analyse

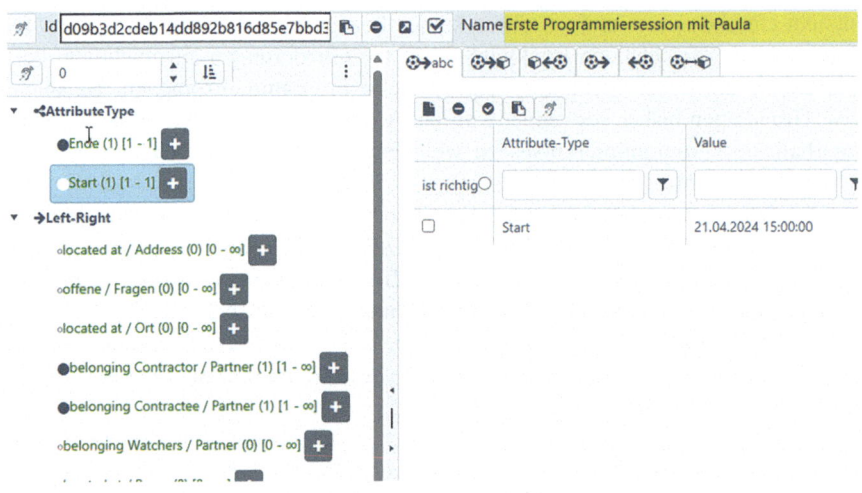

Abb. 9.18 Beziehungseditor, der die Beziehungen eines der Termine für die Programmiersessions anzeigt

stehen verschiedene Möglichkeiten zur Verfügung, beispielsweise eine Graph-Darstellung, in der die referenzierten Beziehungen von Notizen angezeigt werden können. In der View kann entlang der Beziehungen navigiert werden.

Abb. 9.19 zeigt u. a. die Beziehungen der ersten Programmiersession zu den Programmiergrundlagen. Die Knoten musste ich für die Abbildung so verschieben, dass eine sinnvolle Gruppierung sichtbar wird. Es wird eines von drei Problemen einer Graph-Darstellung schnell deutlich. Durch die Anzeige aller Beziehungen eines Knotens, entsteht schnell eine Unübersichtlichkeit, die nicht mehr handhabbar ist. Die Übersichtlichkeit muss dann durch teils langwierige Bearbeitung der dargestellten Informationen hergestellt werden. Das Problem wird Hairball genannt. Dabei sind so viele Knoten und Kanten visualisiert, dass eine Art visuelles Knäuel entsteht, bei dem die einzelnen Knoten nicht mehr zu erkennen sind. Das zweite Problem wird Snowstorm genannt, bei dem zu viele Knoten in der Darstellung angezeigt werden und die Knoten nicht mehr unterscheidbar sind, weil ein scheinbares Chaos dargestellt wird, ohne jeglichen semantischen Bezug. Die Darstellung wirkt dann wie ein Schneesturm. Das dritte Problem wird Starburst genannt, bei dem es einen zentralen Knoten gibt, von dem viele Beziehungen ausgehen. (vgl. Cambridge Intelligence, 2019) Die Übersichtlichkeit wird so evtl. bereits mit relativ wenigen Konten stark verringert.

Die visuelle Form der Darstellung von Graphen, ermöglicht die schnelle Erfassung komplexer Zusammenhänge. Daher spielt sie eine wichtige Rolle bei der Analyse von Beziehungsmustern, um beispielsweise Gruppen von Knoten zu erkennen oder Ballungen (vgl. Brath, R, Jonker, D 2015, S. 16). Das bedeutet, dass diese Darstellungsform interessant ist für die Erkennung von Mustern in einer großen Anzahl von Knoten. Die Einzelknoten rücken in den Hintergrund.

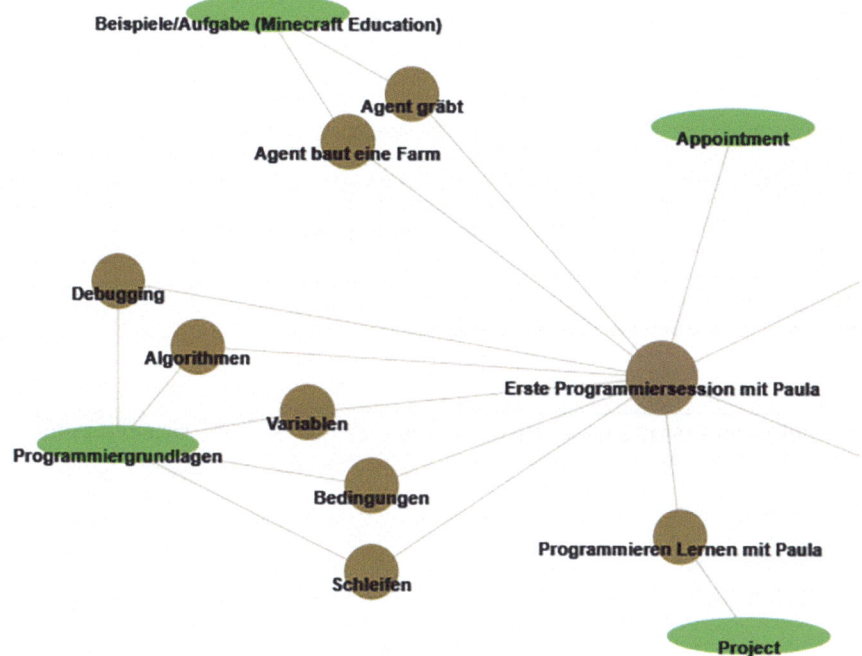

Abb. 9.19 Graph-Darstellung der Beziehungen des Termins zur ersten Programmiersession

Für die Abstraktion von komplexen semantischen Zusammenhängen einer geringen Anzahl von interessierenden Knoten, beispielsweise in Bezug auf die Frage, welche Programmiergrundlagen schon behandelt wurden und welche noch fehlen, eignet sich die Graph-Darstellung weniger gut. Hier muss eine Voranalyse mithilfe anderer Repräsentationsformen durchgeführt werden. Die Voranalyse ist notwendig, da explorativ Vernetzungen über die Notizen hergestellt wurden, aber auch formal-deskriptiv über den Beziehungseditor und so Mehrdeutigkeit und Widersprüchlichkeit entstanden ist, die im Zuge der Analyse zugunsten eines bestimmten Blickwinkels so weit reduziert werden muss, dass Fragen beantwortet werden können.

Für die Voranalyse konnte ich einen Bericht nutzen, der die Beziehungen zeigt, die mithilfe von Notizen hergestellt wurden. Abb. 9.20 zeigt einen Ausschnitt. Die Backlinks von Programmiergrundlagen, also Beziehungen, die von Objekten anderer Klassen ausgehend zu Programmiergrundlagen hergestellt wurden, werden für diese Analyse bedeutsam, beispielsweise die Beziehung von Terminen (Klasse Appointment) oder Konzepten zu Programmiergrundlagen.

In Abb. 9.20 ist ein gefilterter Bericht zu sehen, erkennbar an den blau hinterlegten horizontalen Punkten. Es werden die Klassen *Appointment, Beispiele/Aufgaben (Minecraft Education)* und *Konzepte* angezeigt. In der Spalte *Tag-Count* wird die Anzahl der referenzierten Objekte der jeweiligen Klasse angezeigt.

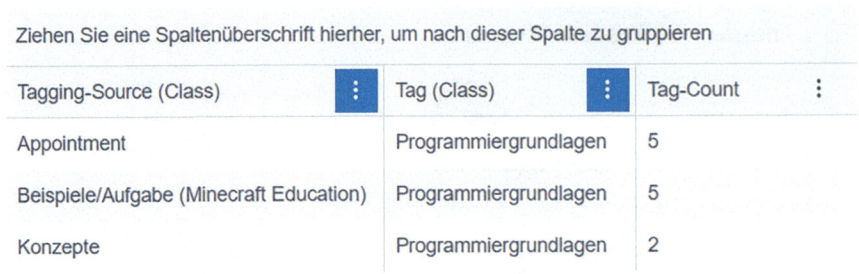

Abb. 9.20 Klassen, die über Notizen mit Programmiergrundlagen referenziert wurden

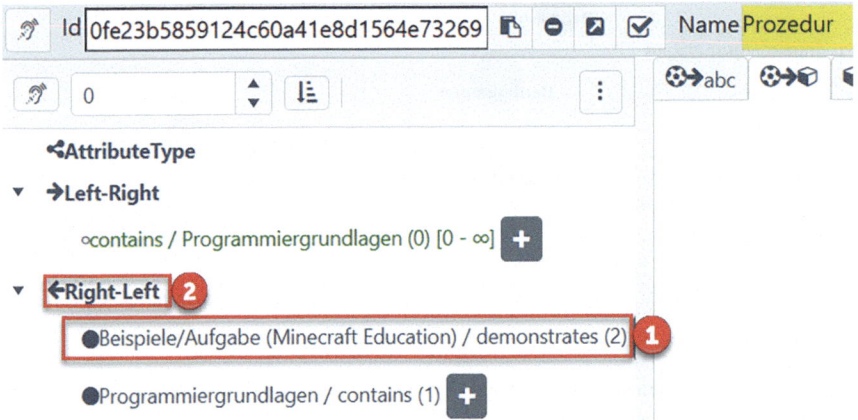

Abb. 9.21 Backlink von Programmiergrundlagen zu Minecraft-Beispielen

Konzepte fallen für meine Analyse weg, da es dabei um das pädagogische Konzept geht und darin keine behandelten Programmiergrundlagen annotiert sind, sondern für Konzepte interessante Programmiergrundlagen. Neben Vernetzungen über Notizen, gibt es noch die direkte Vernetzung über den Beziehungseditor. Um die möglichen Beziehungen zu analysieren, habe ich eine der Programmiergrundlagen im Beziehungseditor geöffnet und überprüft, welche direkten Vernetzungen möglich sind. Abb. 9.21 zeigt auf der linken Seite die erwarteten Beziehungen, die Programmiergrundlagen eingehen können. Ich hatte eine mögliche Beziehung definiert, die in Form eines Semantischen Triples beschrieben werden kann: Beispiele (Mindcraft Education) -> demonstrates -> Programmiergrundlagen. Der Gedanke dahinter war, dass Minecraft-Beispiele, Programmiergrundlagen demonstrieren. Mir war zu Beginn der Analyse nicht mehr klar, dass ich diese mögliche Beziehung definiert hatte.

① Backlinks von Objekten der Klasse *Programmiergrundlagen* zu Objekten der Klassen *Beispiele/Aufgabe (Minecraft Education)*. Die Klasse Programmiergrundlagen wurde im Vorfeld zu einer Eigenschaft der Klasse *Beispiele/Aufgabe (Minecraft Education)*.

② Unter *Right-Left* finden sich im Beziehungseditor die möglichen Backlinks.

Die Herstellung von Beziehung wurde zum einen über die Vernetzungen in den explorativen Texten der Notizen bewerkstelligt. Zum zweiten fand die Vernetzung im Beziehungseditor statt, durch im Vorfeld definierte Erwartungen. Zusätzlich wurden Programmiergrundlagen über Annotationen in Videoaufzeichnungen der Programmiersessions mithilfe von Bookmarks hergestellt. Ich konnte eine Abfrage definieren, die all diese Beziehungsmöglichkeiten mit einbezog. Termine sind explorativ mit Programmiergrundlagen vernetzt worden. Sie wurden aber auch über einen Pfad im Graph vernetzt, der mehrere Kanten umfasst, bei dem Appointment, Programmiergrundlagen, Minecraft-Beispiele (Aufgaben) bzw. Videos in einer Kette von Beziehungen miteinander verbunden sind. Die Abfrage bezieht alle Beziehungen mit ein, die für die Fragestellung wichtig sind, welche Programmiergrundlagen bisher noch nicht behandelt wurden. Den Bericht, der die Fragestellung beantwortet, wird in Abb. 9.22 dargestellt.

① Die Programmiergrundlagen, die im Unterricht behandelt werden sollten
② Zeitpunkt, an dem die Grundlage zum ersten Mal behandelt wurde
③ Zeitpunkt, an dem die Grundlage zum letzten Mal behandelt wurde
④ Anzahl, wie oft die Grundlage im Unterricht behandelt wurde

Der Bericht offenbart Informationen, die bisher unbekannt waren. Zum einen wird klar, welche Programmiergrundlagen noch nicht abgehandelt wurden. Zum Zweiten wird sichtbar, welche Programmiergrundlagen häufiger abgehandelt wurden und welche weniger häufig. Dadurch kann ich den Aspekt der Übung in die Fragestellung mit einbeziehen, mit der späteren Frage, welche Programmiergrundlage am seltensten behandelt wurde. So kann ich die nächsten Sessions besser planen und diese Information für ein mögliches pädagogisches Konzept verwenden. Durch die Analyse der explorativ erzeugten, sowie formal-deskriptiv erwarteten Beziehungen, wurde von mir Wissen auf einer persönlichen Ebene geschaffen.

Die beschriebenen Use Cases, die sich aus dem Projekt des Programmieren Lernens mit meiner Tochter ergaben, haben einige wichtige Anforderungen an einen Personal Knowledge Graph behandelt, wie der Niedrigschwellige Einstieg über Notizen, der das explorative Unterstützungspotential bedient. Im Beispiel wurden einige Ordnungstechniken gezeigt, wie die Nutzung eines Texteditors zur Strukturierung von Texten, in die typisierte Tags integriert werden können, wodurch formal-deskriptive Modelle mit Klassen und Eigenschaften verzögert erzeugt bzw. verändert werden. Es kommt zu einer ständigen Grenzüberschreitung der formal-deskriptiven Modelle, die durch eine laufende Inventur anhand von wichtigen Fragestellungen reflektiert werden, beispielsweise über Berichte. Dies führt zu einer anreichernden Verbindung zwischen den explorativen und formal-deskriptiven Aspekten der Dinge, mit denen eine Person sich beschäftigt. Dabei wird das reziprok-ambivalente Unterstützungspotential in der Reflexion von unerkannten bzw. sogar widersprüchlichen Aspekte wirksam und es können Gedanken und Ideen intuitiv erfasst und gleichzeitig in eine strukturierte Ordnung gebracht werden, die noch dazu maschinell verarbeitet werden kann, beispielsweise für die explorativen

Programmiergrundlage ❶	Erstes Auft... ↑ ❷	Letztes Auftreten ❸	Anzahl bisheri. ❹
Datenstrukturen			0
Arrays/Listen			0
Enums			0
Dictionaries			0
Sets			0
Objektorientierung			0
Vererbung			0
Klassen und Objekte			0
Polymorphismus			0
Strukturierung			0
Algorithmen	21.04.2024 15:00:00	28.07.2024 13:30:00	5
Variablen	21.04.2024 15:00:00	15.06.2024 17:00:00	2
Events	21.04.2024 15:00:00	15.06.2024 17:00:00	5
Bedingungen	21.04.2024 15:00:00	15.06.2024 17:00:00	2
Schleifen	21.04.2024 15:00:00	07.07.2024 16:00:00	5
Debugging	21.04.2024 15:00:00	15.06.2024 17:00:00	4

◀ ▶ ▶| 50 ▼ Elemente pro Seite Showing 1-24 from 24 data items ↻

Abb. 9.22 Programmiergrundlagen, die noch nicht behandelt wurden sowie Grundlagen in der Reihenfolge ihrer bisherigen Abarbeitung

Analyse zur Erkennung von unbekannten Mustern. Dadurch wird die langfristige Wiederverwendbarkeit im Rahmen komplexer Zusammenhänge unterstützt. Mithilfe eines PKGs ist dies innerhalb persönlicher Zusammenhänge möglich.

9.3 Inhalte verinnerlichen im Rahmen der akademischen Weiterbildung Expert:in Business Intelligence bei der AKAD

Das Kapitel demonstriert verschiedene Anforderungen an einen Personal Knowledge Graph anhand einer akademischen Weiterbildung, die der Autor von 2022 bis 2023 absolvierte. Die Weiterbildung diente dabei neben der beruflichen Qualifikation auch der Recherche für dieses Buch. Es wird ge-

> zeigt, wie das System verwendet wurde, bei der Recherche, welcher Kurs absolviert werden sollte, bei der Auswahl des passenden Kurses, bei der Verwaltung der Kurselemente, wie Module und Lerneinheiten und bei der Integration der Lehrinhalten in den PKG. Es unterstützte vor allem bei der Verinnerlichung der Inhalte. Der Autor hat die Lerninhalte mit 4132 Fragen versehen, die er im Laufe des Kurses 11634 Mal schriftlich beantwortet hat. Diese große Menge an Fragen und eigenen Antworten war nur möglich, da keine eigenen Kontrollantworten, für die selbst formulierten Fragen erstellt werden mussten. Stattdessen dienten Textstellen bzw. Abschnitte der zu verinnerlichende Lehrinhalte und Videos als Kontrollantworten, die zur Kontrolle markiert bzw. abgespielt werden konnten. Die Annotation von Text-, Audio- und Videoinhalten, ist hierbei ein entscheidendes Feature des Personal Knowledge Graph. Dadurch konnte die Integration von Fragen fast beiläufig während des Studiums der Inhalte erfolgen. Der Personal Knowledge Graph unterstützte außerdem entscheiden dabei, die zu lernenden Einheiten zu strukturieren und den Lernprozess zu systematisieren. Das System diente auch der Zeiterfassung für detaillierte Statistiken im Zuge der Lernzielkontrolle. Die Lehrinhalte wurden außerdem für die Recherche mit den theoretischen Konzepten verbunden, auf denen diese Buch basiert.

Dieser Use Case dreht sich um das Lernen von Inhalten im Rahmen der akademischen Weiterbildung „Experte Business Intelligence m/w/d (AKAD).[9] Ich habe die Weiterbildung zwischen dem 01.02.2022 und dem 27.09.2023 absolviert und erfolgreich beendet. Dabei spielte der von mir entwickelte PKG eine entscheidende Rolle. Mit ihm habe ich den gesamten Verlauf der Weiterbildung begleitet, angefangen von der Recherche möglicher Kurse, bis zur Ablage des Zertifikats im PKG. Ich habe mithilfe des PKG auch die Lehrinhalte verinnerlicht. Der PKG wurde also sowohl zur Verwaltung des Kurses als auch als Lernhilfe verwendet.

Abb. 9.23 zeigt das Objekt *Experte Business Intelligence m/w/d (AKAD)* der Klasse *Kurse*. Im oberen Teil sind ungefiltert alle Beziehungen des Objekts zu sehen, im unteren Teil die Notiz des Kurses, die der Klasse *HTML-Document* zugeordnet ist. In meinem PKG werden Notizen als HTML-Texte abgelegt, nicht als Markup Text, wie in anderen Note-Taking PKGs. Innerhalb der Notiz können explorativ Informationen erfasst werden, wodurch eine niedrige Schwelle beim Einstieg in die Ablage von Gedanken erreicht wird. Notizen sind häufig der erste Schritt in der Beschäftigung mit Themen, vor allem, wenn die Themen neu sind.

---

[9] https://www.akad.de/abschluss/weiterbildung/expertin-business-intelligence-akad/

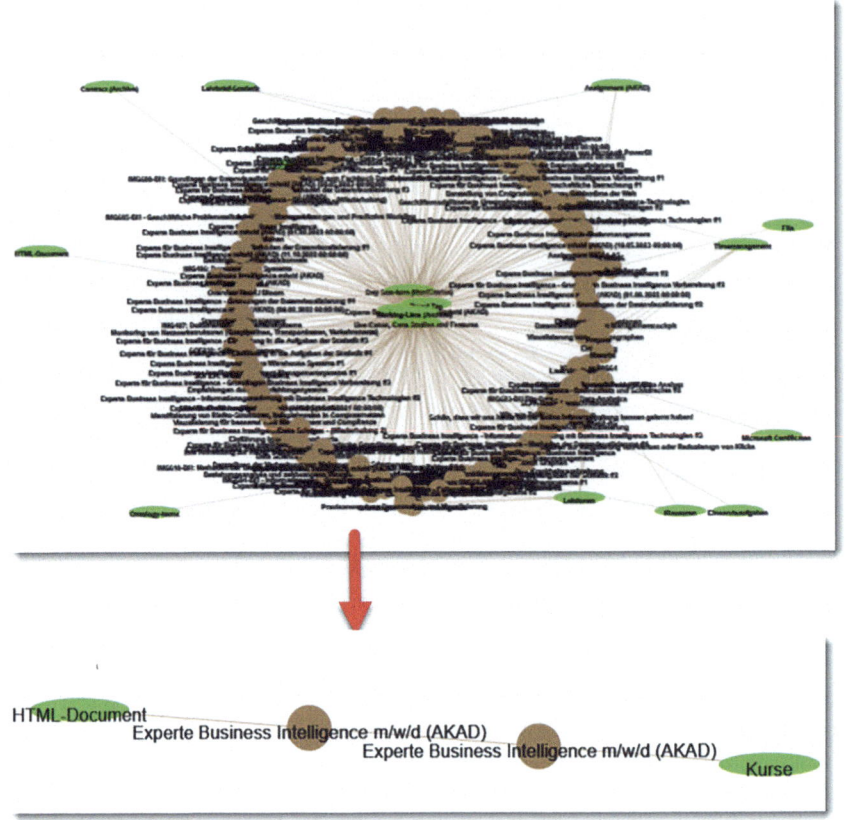

Abb. 9.23 Der Kurs Experte Business Intelligence m/w/d (AKAD) mit Beziehungen, ungefiltert und gefiltert nach zugeordneter Notiz (HTML-Document)

Um mit den Apps/Views innerhalb eines gesamten Kurses systematisch arbeiten zu können, wird eine Struktur der Informationen zu Verwaltungszwecken benötigt sowie für die zu lernende Inhalte. Der Kurs muss so abgebildet werden, dass zielgerichtet, kontinuierlich und langfristig gelernt werden kann. Das dargestellte Knäul in Abb. 9.23 muss entwirrt werden und vor allem auch bleiben. Im Zentrum steht dabei das Objekt *Experte Business Intelligence m/w/d (AKAD)* der Klasse *Kurse*.

Für das Lernen der Inhalte des Kurses, war eine formal-deskriptive Organisation der Lehrinhalte notwendig. Die Lehrinhalte wurden in Form von Lehrbriefen sowie Begleitbriefen zu öffentlich zugänglicher Literatur angeboten. In den Begleitbriefen wird beschrieben, welche Teile der Bücher zur Verinnerlichung notwendig sind. Darin werden auch die Inhalte der Bücher kommentiert und Anmerkungen dazu dargestellt. Lehrbriefe stellen abgeschlossene Lerneinheiten dar.

Ich habe zu Beginn des Studiums die Kapitelstruktur der Lehrbriefe im PKG nachgebildet. Dieser Nachbau der Struktur der Lehrunterlagen dient dazu, das Lernen so zu strukturieren, dass dies kontinuierlich, über Monate hinweg möglich ist und möglichst nahe an den offiziellen Lehrmaterialien bleibt. Die Lehrinhalte sollen in überschaubare Pakete gegliedert werden, deren Wiederholung kontinuierlich möglich wird, entsprechend dem Lernfortschritt. Hinzu kam die Struktur der Bücher, von denen Teile verinnerlicht werden mussten, die so in die zu nutzende Struktur des PKG integriert werden mussten, dass sie bruchfrei in den Lernprozess integriert werden konnten, das heißt es mussten in meinem Lernplan abwechselnd Kapitel der Begleitbriefe und Bücher kombiniert werden. Außerdem ging es darum, Lerneinheiten systematisch zu verinnerlichen, also die Inhalte intensiver zu lernen, die noch nicht verinnerlicht waren und die Inhalte weniger intensiv, die verinnerlicht waren. In den nächsten Schritten ging es darum, die zu lernenden Einheiten schrittweise zu verkleinern, sodass möglichst kleine zu lernende „Häppchen" entstanden, die dann entsprechend ihres Grades an Verinnerlichung wiederholt werden konnten und so die zu lernenden Pakete zum einen sinnvoll wiederholt werden konnten und zum anderen stetig weniger wurden. Hierfür wurden die Lerninhalte von mir mithilfe von selbst formulierten Fragen weiter untergliedert, ähnlich einem Karteikartensystem. Dadurch entstand schrittweise eine persönliche Gliederung der Lehrinhalte, anhand des eigenen Lernfortschritts.

Um Fragen sinnvoll beantworten zu können, sind Vergleichsantworten notwendig. In dem von mir entwickelten PKG müssen diese Vergleichsantworten nicht formuliert werden. Hierfür werden von mir die Texte, die verinnerlicht werden müssen, in Notizen des PKG übernommen. Im PKG können Textteile markiert und mit Objekten referenziert werden, wie beispielsweise Fragen. Damit stellt der markierte Text die Vergleichsantwort zur referenzierten Frage dar. Dadurch ist ein kaum unterbrochener Lesefluss möglich, da die Fragen während des Lesens einfach in die Texte annotiert werden können und keine Vergleichsantwort formuliert werden muss. Für das Wiederholen der Fragen, habe ich eine App/View in den von mir entwickelten PKG integriert, mit der Fragen beantwortet werden können. Zu den gegebenen Antworten können die Textstellen als Kontrollantworten angezeigt werden, um zu überprüfen, ob die eigene Antwort richtig war. Neben Textstellen können auch Video- oder Audioinhalte mit Fragen annotiert und in der App/View beantwortet werden. Die App/View bietet neben den Vergleichsantworten im Text, Video oder Audioinhalt auch an, selbst formulierte Vergleichsantworten sowie Multiple-Choice Antworten zu integrieren.

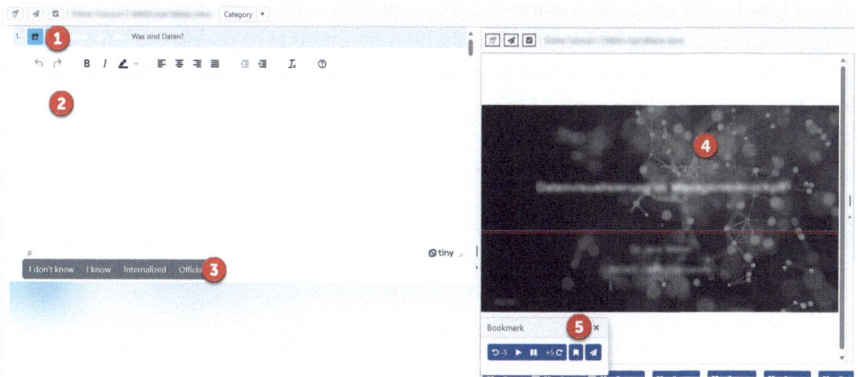

Abb. 9.24 App/View zur Beantwortung von Fragen, mit denen ein Video annotiert wurde

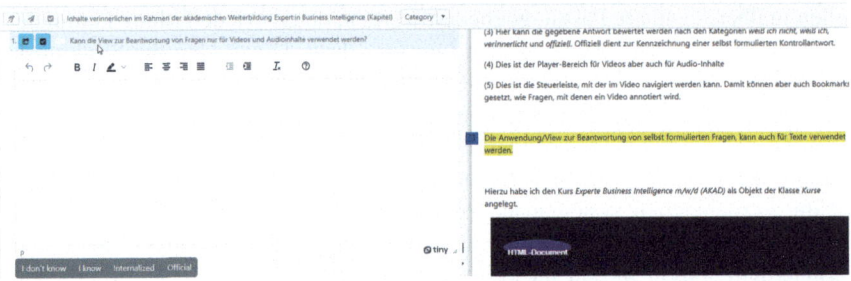

Abb. 9.25 Beispielfrage mit markiertem Text, der die Kontrollantwort zur Beispielfrage darstellt

① Frage Was sind Daten? zum Video; Links neben der ① ist eine Schaltfläche zu sehen, mit deren Hilfe zur Stelle im Video auf der rechten Seite der Abbildung gesprungen werden kann. Die Stelle im Video repräsentiert die Vergleichsantwort zur Frage, mit der die eigene Antwort verglichen werden kann.

② Eingabebereich für die eigene Antwort zur Frage

③ Bewertung der eigenen Antwort mithilfe von Kategorien; Kategorien sind „weiß ich nicht", „weiß ich", „verinnerlicht" und „offiziell". Die letzte Kategorie dient zur Kennzeichnung einer selbst formulierten Kontrollantwort.

④ Player-Bereich für Videos bzw. Audio-Inhalte; Der Player ist eine eigene App/View, die in die App/View zur Beantwortung der Fragen fest eingebettet ist. Diese App/View ist an einen Kanal angemeldet, der Nachrichten zum Springen an eine bestimmte Position übermittelt. Schickt eine andere View auf dem Kanal eine Referenz eines Objektes, dass im Video- bzw. Audio-Inhalt referenziert wurde, springt der Player an die entsprechende Stelle.

⑤ Steuerleiste, mit der im Video navigiert werden kann. Damit können aber auch Bookmarks gesetzt und mit Objekten, wie Fragen referenziert werden.

Abb. 9.25 zeigt die gleiche App/View wie Abb. 9.24, diesmal aber zur Beantwortung von selbst formulierten Fragen in Texten. Auf der rechten Seite von Abb. 9.25 ist die Kontrollantwort zur Frage, gelb markiert zu sehen. Die App/View erkennt automatisch anhand der Vernetzungen der Objekte, ob Texte, Videos oder Audio-Inhalte für die Kontrollantworten genutzt werden sollen und zeigt dann entweder einen Player für Videos/Audioinhalte oder einen HTML-Viewer an.

Um die Inhalte, die verinnerlicht werden sollen, zu strukturieren, habe ich dem Kurs die verschiedenen Lehrbriefe zugeordnet, diese Zuordnung ist in Abb. 9.26 zu sehen.

Die Lehrbriefe habe ich mithilfe des Beziehungseditors erzeugt und dem Kurs *Experte Business Intelligence m/w/d (AKAD)* zugeordnet. Abb. 9.26 zeigt auf der linken Seite mögliche Beziehungen, die über den Beziehungseditor hergestellt

9.3 Inhalte verinnerlichen im Rahmen der akademischen ...

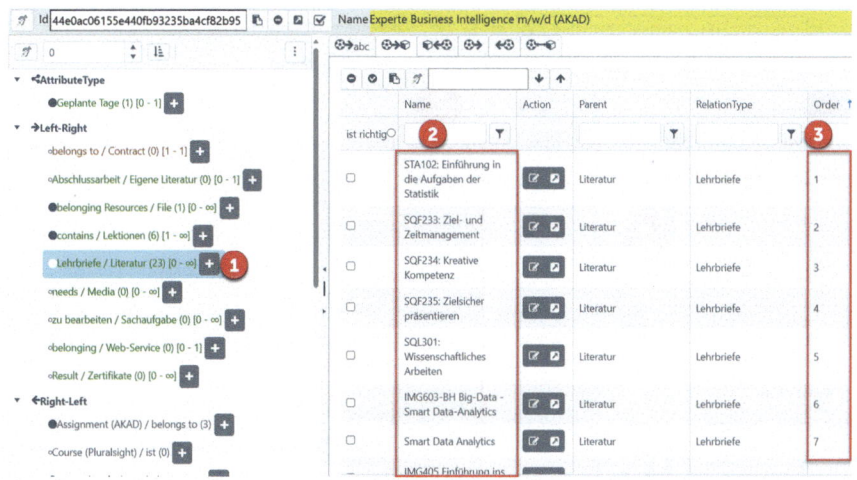

Abb. 9.26 Die Lehrbriefe, die dem Kurs Experte Business Intelligence m/w/d (AKAD) zugeordnet sind

werden können. Dies dient als eine Art Hinweisgeber, welche Beziehungen am sinnvollsten mit dem jeweiligen Objekt hergestellt werden können, aber nicht müssen. Es ist auch möglich, Beziehungen außerhalb der so formulierten Erwartungen herzustellen.

① Die markierte Erwartung an Beziehungen (*Lehrbriefe/Literatur...*) realisiert ein semantisches Triple, dass mögliche Beziehungen zwischen Kurs- und Literatur-Objekten repräsentiert. Das semantische Triple hat die Leserichtung von links nach rechts und lautet *Kurse -> Lehrbriefe -> Literatur*. Kurse ist dabei die Klasse des *Objektes Experte Business Intelligence m/w/d (AKAD)*, welches im Beziehungseditor geöffnet ist. Die offizielle Definition von semantischen Triple spricht zwar von einer Kombination von Subjekt -> Prädikat -> Objekt, um lesbare und gleichzeitig maschinell verarbeitbare Datenstrukturen zu ermöglichen, doch im praktischen Alltag werden daraus häufig drei Worte, die Beziehungen näher charakterisieren. Man könnte in diesem Fall davon sprechen, dass Kurse Literatur-Objekte enthalten sollten, die Lehrbriefe darstellen. Die Literatur-Objekte nehmen die semantische Rolle von Lehrunterlagen innerhalb eines Kurses an. Es ist eine intentionale Beziehung, da sie von mir vor der eigentlichen Herstellung von konkreten Beziehungen zwischen Objekten auf der Erwartungsebene definiert wurden. Ich habe zuerst definiert, dass Kurse Lehrbriefe enthalten sollten, bevor ich konkreten Kursen konkrete Lehrbriefe zugeordnet habe. Man könnte von einer präskriptiven Definition von Beziehungen sprechen.

② Die Liste der Lehrunterlagen des Kurses Experte Business Intelligence m/w/d (AKAD). In diesem Fall sind es Lehrbriefe, Bücher und Begleithefte zu den Büchern, die während der Weiterbildung durchgearbeitet werden mussten.

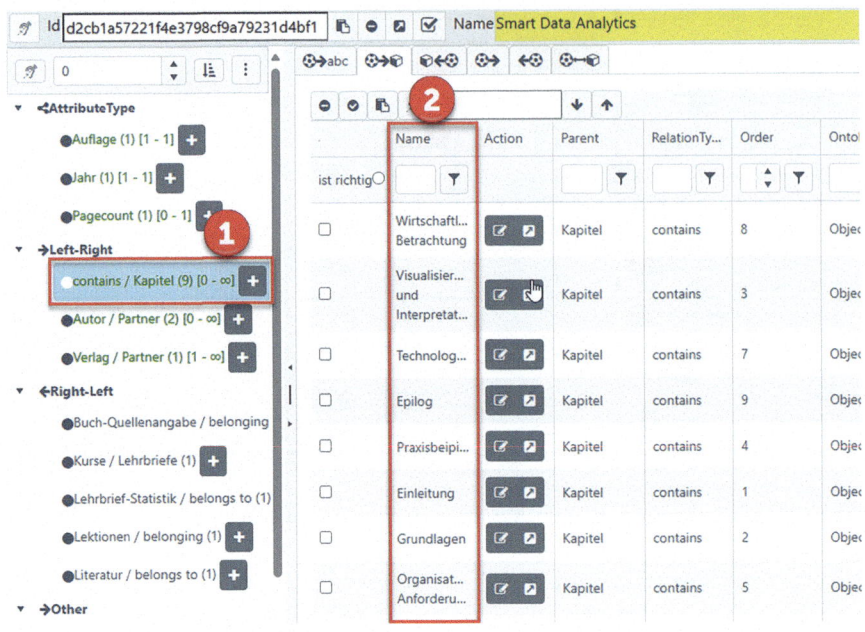

Abb. 9.27 Kapitel des Buches Smart Data Analytics

③ Gewichtung der Beziehung; Die Beziehungen werden mit einer Zahl versehen, die die Gewichtung der Beziehung darstellt und in diesem Fall zur nominalen Sortierung der Lehrunterlagen genutzt werden kann.

Den Objekten der Klasse Literatur, habe ich die darin enthaltenen Kapitel im PKG zugeordnet. Abb. 9.27 zeigt die Zuordnung von Kapiteln zum Buch Smart Data Analytics.[10]

① Die Erwartung, bzw. das semantische Triple *Literatur -> contains -> Kapitel* ist selektiert

② Die Liste der Kapitel, die dem Buch Smart Data Analytics zugeordnet wurden

Den Kapiteln, die dem Objekt *Smart Data Analytics* zugeordnet wurden, sind Unterkapitel zugeordnet und diesen wiederum Unterkapitel, wodurch eine hierarchische Kapitelstruktur entsteht. Abb. 9.28 und 9.29 zeigen die Kapitelstruktur von *Smart Data Analytics* in der Reihenfolge an, wie sie im Buch angelegt ist. Es ist eine nominale Reihenfolge, die mithilfe der Gewichtung von Beziehungen ermittelt werden kann.

Abb. 9.28 zeigt die Kapitel in einer hierarchischen Struktur, Abb. 9.29 hingegen in einer tabellarischen Struktur. Der in Abb. 9.29 dargestellte Bericht zeigt

---

[10] Smart Data Analytics ist ein Buch zum Thema Big Data (https://doi.org/10.1515/9783110463958)

9.3 Inhalte verinnerlichen im Rahmen der akademischen … 93

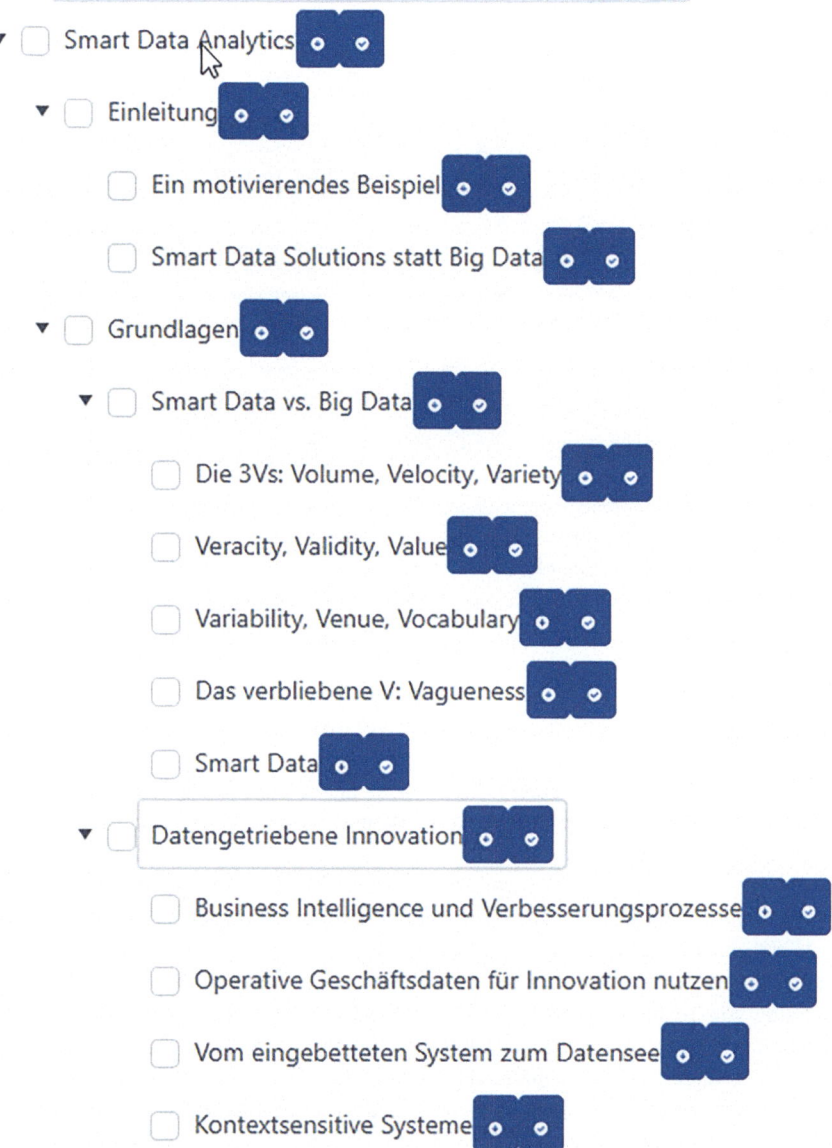

Abb. 9.28 Hierarchische Darstellung eines Teils der Kapitel mithilfe einer Object-Tree-View

das Objekt *Smart Data Analytics* mit den zugeordneten Kapiteln und deren Pfad (Spalte *Path*) sowie einem Wert zur Sortierung der Kapitel (Spalte *Order_Path*). Mithilfe der Gewichtung der Kapitel-Beziehungen, wird es möglich, eine nominal sortierte, hierarchische Darstellung der Kapitel zu erreichen. Die Struktur

Literatur	OrderID_Path ↑↑	Kapitel	Path
Smart Data Analytics	0001,000	Einleitung	
Smart Data Analytics	0001,000,001	Ein motivierendes Beispiel	\Einleitung\Ein motivierendes Beispiel
Smart Data Analytics	0001,000,003	Smart Data Solutions statt Big Data	\Einleitung\Smart Data Solutions statt Big Data
Smart Data Analytics	0002,000	Grundlagen	
Smart Data Analytics	0002,000,001	Smart Data vs. Big Data	\Grundlagen\Smart Data vs. Big Data
Smart Data Analytics	0002,000,001,001	Die 3Vs: Volume, Velocity, Variety	\Grundlagen\Smart Data vs. Big Data\Smart Data vs. Big Data\ Die 3Vs: Volume, Velocity, Variety
Smart Data Analytics	0002,000,001,002	Veracity, Validity, Value	\Grundlagen\Smart Data vs. Big Data\Smart Data vs. Big Data\Veracity, Validity, Value
Smart Data Analytics	0002,000,001,003	Variability, Venue, Vocabulary	\Grundlagen\Smart Data vs. Big Data\Smart Data vs. Big Data\Variability, Venue, Vocabulary
Smart Data Analytics	0002,000,001,004	Das verbliebene V: Vagueness	\Grundlagen\Smart Data vs. Big Data\Smart Data vs. Big Data\Das verbliebene V: Vagueness
Smart Data Analytics	0002,000,001,005	Smart Data	\Grundlagen\Smart Data vs. Big Data\Smart Data vs. Big Data\Smart Data
Smart Data Analytics	0002,000,002	Datengetriebene Innovation	\Grundlagen\Datengetriebene Innovation
Smart Data Analytics	0002,000,002,001	Business Intelligence und Verbesserungsprozesse	\Grundlagen\Datengetriebene Innovation\Datengetriebene Innovation\ Business Intelligence und \
Smart Data Analytics	0002,000,002,002	Operative Geschäftsdaten für Innovation nutzen	\Grundlagen\Datengetriebene Innovation\Datengetriebene Innovation\Operative Geschäftsdaten f
Smart Data Analytics	0002,000,002,003	Vom eingebetteten System zum Datensee	\Grundlagen\Datengetriebene Innovation\Datengetriebene Innovation\Vom eingebetteten System
Smart Data Analytics	0002,000,002,004	Kontextsensitive Systeme	\Grundlagen\Datengetriebene Innovation\Datengetriebene Innovation\Kontextsensitive Systeme
Smart Data Analytics	0002,000,003	Data Analytics und Maschinelles Lernen	\Grundlagen\Data Analytics und Maschinelles Lernen

Abb. 9.29 Hierarchische Kapitel-Struktur in Form eines tabellarischen Berichts

kann unterschiedlich präsentiert werden, beispielsweise mit einer View, die hierarchische Strukturen visuell abbildet (Abb. 9.28). Es ist aber auch möglich, mithilfe einer Abfragesprache einen Bericht zu erzeugen, der die Kapitel in der entsprechenden Reihenfolge des Buches auflistet (Abb. 9.29). Diese Multirepresentationalität ist ein wichtiger Baustein bei der Verwirklichung eines PKG, um verschiedene Blickwinkel auf Gegenstände zu ermöglichen aber auch verschiedene Möglichkeiten der maschinellen Verarbeitung durch Filterung, Gruppierung oder Berechnung, und zwar unerwartet. Dadurch wird Wissen intuitiver nutzbar und ein Medium als second Brain rückt näher. Dies unterstützt das Ziel der niedrigen Schwelle und hohen Decke in Bezug auf den Aufbau und die Nutzung von komplexem Wissen.

Zur Verinnerlichung der Lehrinhalte habe ich den Kapiteln Notizen zugeordnet, in die ich die Texte der Lehrunterlagen kopiert habe. Die Lehrunterlagen lagen alle in Form von PDF-Dateien vor, aus denen ich den Inhalt nach Absprachen mit Dozenten der AKAD kopieren konnte. Eine Funktion des PKG ermöglicht die OCR-Erkennung von Texten der PDFs, die in den PKG integriert sind. Damit wäre es auch möglich gewesen, die Inhalte per OCR-Erkennung in Text umzuwandeln und in die Notizen zu integrieren. Das manuelle Kopieren hat aber den Vorteil, dass die Struktur der Texte beim manuellen Kopieren verinnerlicht werden kann. Ich habe auch Bilder der Unterlagen in die Notizen kopiert, denn Bilder sind häufig notwendig zum Verständnis der Inhalte. Die so in meine PKG integrierten Inhalte, konnte ich dadurch mit Fragen annotieren, um sie zu verinnerlichen. Letztendlich geht es darum, Inhalte für die Annotation von Bereichen dieser Inhalte zugänglich zu machen.

Während des Lesens der kopierten Texte, habe ich Textstellen markiert und sie mit Objekten annotiert. Meistens waren dies Fragen, es waren aber auch Konzepte, wie Hauptgegenstände von Wissenschaftsbereichen bzw. Forschungsbereichen. So habe ich während des Lesens Hauptgegenstände des Forschungs-/Wissenschaftsbereichsbereiches *Business Intelligence (BI)* im Text annotiert, wie Daten-

9.3 Inhalte verinnerlichen im Rahmen der akademischen ...

Eigene Literatur	
Zeilenbeschriftungen	Anzahl der Verweise
⊟ Integrativer Konstruktivismus	134
konstruktivistische Mutabilität	33
repräsentationale Geschlossenheit	28
Medienartefakt	21
Assoziative Navigation	12
Spekulative Ebene	7
Positivistische Ebene	7
reziprok-ambivalenten Unterstützungspotential von Medien	6
prozessuales Unterstützungspotential	5
(formal-)deskriptives Potential	5
Multidimensionalität	3
verzögerte Klassifikation	3
Assoziatives Potential	3
Mediale Unterstützungspotentiale	1
Gesamtergebnis	**134**

Abb. 9.30 Hauptgegenstände meiner eigenen Forschung mit der Anzahl der Verweise

orientierung, Entscheidungsunterstützung oder Werkzeugorientierung. Da ich den Kurs aber auch absolviert habe, um ihn für meine eigenen Studien fruchtbar zu machen, habe ich Hauptgegenstände meiner eigenen Forschung mit Annotationen verbunden. Meine eigene Forschung trägt den Arbeitstitel *Integrativer Konstruktivismus*. Abb. 9.30 zeigt eine Liste der Hauptgegenstände meiner eigenen Forschung. Einige der Begriffe habe ich im Text von *Smart Data Analytics* mit Annotationen verbunden und so Referenzen für die spätere Recherche zu dem Buch erzeugt, dass Sie gerade lesen.

Abb. 9.30 enthält mehrere Informationen, die durch die gewählte Darstellung offenbart werden, beispielsweise welche Hauptgegenstände, die in Bezug auf meine eigene Forschung, jedenfalls bis zu der ausgearbeiteten Stelle, an der sich das Buch beim Erstellen des Screenshots befand. Die Liste offenbart auch eine mögliche Wichtigkeit der Hauptgegenstände, in Form der Häufigkeit der Verweisanzahl von Hauptgegenständen. Für die Abbildung wurde eine Pivot-Tabelle in Microsoft Excel[11] verwendet. Die Abfragen, die den Berichten zu Grunde liegen, können in Excel genutzt werden, um die Daten zu analysieren. Dies ermöglicht die explorative Datenanalyse von persönlichen Zusammenhängen. Die explorative Datenanalyse arbeitet immer mit Kennzahlen im Mittelpunkt der Betrachtung, also beispielsweise der Aggregation von Jahres- oder Monatszahlen wie Umsatz oder Gewinn. Diese werden anhand von Dimensionen, wie Produktgruppe, Tochterunternehmen oder Anzahl der Nennungen von Hauptgegenständen aufsummiert. Die Dimensionen dienen dabei dazu, verschiedene Blickwinkel auf die Kennzahlen zu ermöglichen, um eine explorative, also spielerische Analyse von Gegen-

---

[11] Microsoft Excel ist eine Tabellenkalkulationssoftware (https://www.microsoft.com/de-de/microsoft-365/excel?msockid=1bc14ad67d9f6674156859c87c2d67fa&market=de)

Abb. 9.31 Der Hauptgegenstand Multidimensionalität, annotiert in drei Kapiteln

ständen anhand derer Kennzahlen aus verschiedenen Blickwinkeln zu ermöglichen. Man stellt sich in einer Pivot-Tabelle die Kombination von Dimensionen zusammen, anhand derer die Kennzahlen aggregiert werden sollen. Dadurch wird es möglich, die Entwicklung oder den Stand eines Unternehmens vielseitig zu betrachten und Entscheidungsgrundlagen zu schaffen, die dem komplexen Unternehmensalltag näherkommen sollen. Im dargestellten Fall geht es um die Analyse der Wichtigkeit von Hauptgegenständen der eigenen Forschung. Man spricht dabei von der explorativen Datenanalyse mithilfe eines multidimensionalen Datenmodells. Ein Knowledge Graph ermöglicht es, diese Fokussierung auf Kennzahlen zu überwinden, denn in einem Knowledge Graph stehen im Mittelpunkt nicht mehr Kennzahlen, sondern Dimensionen, denen auch Kennzahlen zugeordnet sein können, wie in Abb. 9.30 die Anzahl der Nennungen von Hauptgegenständen. Ein Personal Knowledge Graph ermöglicht neben der multidimensionalen Datenanalyse, zusätzlich die explorative Analyse persönlicher Zusammenhänge, unabhängig von Kennzahlen.

Den Hauptgegenstand *Multidimensionalität* habe ich beispielsweise in drei Kapiteln in der Rohfassung dieses Werks referenziert, wovon eines das Kapitel ist, dass Sie gerade lesen. Im Buch *Geschäftsmodellbasierte Unternehmenssteuerung mit Business-Intelligence-Technologien,* habe ich das Kapitel *Elemente mehrdimensionaler Datenmodellierung* mit dem Hauptgegenstand *Multidimensionalität* annotiert. Es ist eines der Bücher, die im Rahmen des Kurses durchgearbeitet werden mussten. Dort heißt es zu den Dimensionen: „... handelt es sich bei den Dimensionen um differenzierte Perspektiven auf homogene Objekte, die eine holistische Analyse betriebswirtschaftlicher Untersuchungsgegenstände zulassen." (Linden, 2015). Letztendlich bedeutet dies, dass durch multidimensionale Datenmodelle, wie die eines PKG, verschiedene Perspektiven auf die gleichen Objekte möglich werden und damit der explorative Umgang mit medial abgebildetem Wissen auf persönlicher Ebene ermöglicht wird, nur eben nicht mit der ausschließlichen Fokussierung auf Kennzahlen.

Abb. 9.31 zeigt drei Kapitel, in denen der Hauptgegenstand Multidimensionalität von mir annotiert wurde.

Im PKG gibt es die Möglichkeit, vom Hauptgegenstand *Multidimensionalität* zum Kapitel *Elemente mehrdimensionaler Datenmodellierung* zu gelangen, oder

9.3 Inhalte verinnerlichen im Rahmen der akademischen ...

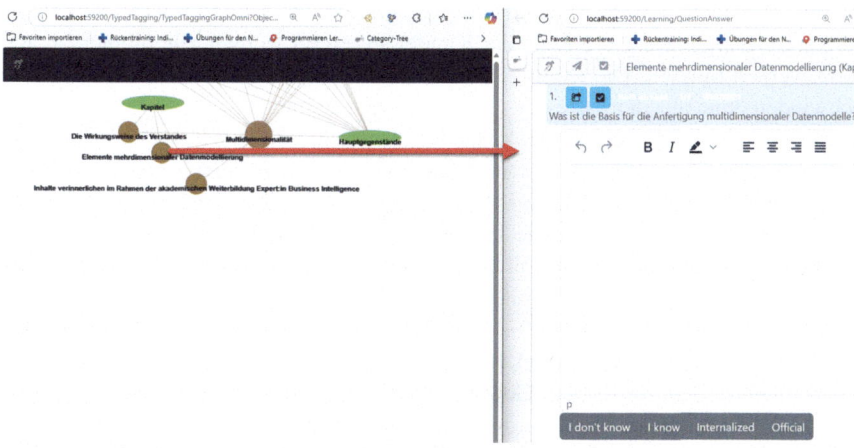

Abb. 9.32 Fragen zum Kapitel, geöffnet in der App/View für die Beantwortung von Fragen (rechts)

zum Kapitel *Inhalte verinnerlichen im Rahmen der akademischen Weiterbildung Expert:in Business Intelligence bei der AKAD*. Das erste Kapitel gehört zu einem Buch, welches im Rahmen eines Kurses verinnerlicht werden sollte. Das zweite Kapitel gehört zu einem selbst verfassten Text dieses Buches. Öffentliche und persönliche Ebene wurden miteinander in Bezug gesetzt. In einem Knowledge Graph kann von verschiedenen Einstiegspunkten aus navigiert, also von einem Knoten zu anderen gesprungen werden über Ketten von Beziehungen. Dies erlaubt eine assoziative Arbeitsweise.

Die App/View aus Abb. 9.31 versendet bei Klick auf einen der Knoten eine Nachricht auf dem Channel *Object selected*. Jede App/View, die diesen Channel abonniert hat, empfängt die Nachricht und kann dann entsprechende Funktionen ausführen, beispielsweise das Laden von Fragen zum Kapitel in der App/View zur Beantwortung von eigenen Fragen.

In Abb. 9.32 wurde beim Anklicken des Objektes Elemente mehrdimensionaler Datenmodellierung, die Fragen zum Kapitel in der App/View auf der rechten Seite der Abbildung geladen.

Die Beantwortung von Fragen muss systematisch organisiert werden, da ja nicht nur ein Kapitel abgearbeitet werden muss, sondern viele Kapitel. Im Falle des Kurses Experte Business Intelligence m/w/d (AKAD), waren es 981 Kapitel. Durch die Zuordnung der Lehrunterlagen zum Kurs und der Kapitel zu den Lehrunterlagen, sowie der Statistiken durch die Beantwortung der Fragen, können entsprechende Sichten auf die Informationen erzeugt werden, die eine Organisation der Informationen erlaubt, mit der ein zielgerichtetes Lernen der Kapitel möglich wird. Dadurch entsteht medial abgebildetes und persönliches Wissen. Ein wichtiger Baustein ist dabei die Information, welche Kapitel ich noch lernen muss und welche schon gelernt wurden. In dem von mir entwickelten PKG, gibt es eine App/View, mit der Checklisten angezeigt und abgearbeitet werden können. So kann beispielsweise die Liste der Kapitel angezeigt werden, die momentan gelernt werden müssen. Die Einträge in der Liste können abgehakt werden und verschwinden dann aus der Liste der zu erledigenden Elemente.

Ich habe im PKG eine Checkliste für das Begleitheft *IMG608-BH: Grundlagen der Datenvisualisierung*[12] und das Buch *Datenvisualisierung mit R*[13] erstellt. Das Begleitheft enthält Informationen, welche Kapitel des Buches durchgearbeitet werden müssen sowie Erläuterungen und Fragen zu den Inhalten des Buches. Die Kapitel des Heftes und des Buches, müssen also abwechselnd durchgearbeitet werden, erst ein Kapitel des Begleithefts und anschließend ein oder mehrere Kapitel des Buches. Die Checkliste muss diese Reihenfolge ebenfalls abbilden. Ihr wurden die Kapitel von mir in der notwendigen nominalen Reihenfolge zugeordnet mithilfe einer Gewichtung der Beziehungen zwischen der Checkliste und den Kapiteln. Die Zuordnung der Kapitel zu der Checkliste, ist mithilfe des Kommunikationssystems möglich. Aus einem Bericht, der die Kapitel des Begleitheftes zeigt und einem Bericht, der die Kapitel des Buches zeigt, konnten abwechselt die Kapitel auf dem Kommunikationskanal für die Übernahme von Objekten gesendet werden. Der Beziehungseditor, in dem der Checkliste die Kapitel zugeordnet wurden, empfängt die Nachrichten abwechselnd und ordnet die Kapitel der Checkliste mit einer entsprechenden nominalen Ordnung zu. Die Checkliste enthält dann Kapitel des Begleitheftes und des zugehörigen Buches in der Reihenfolge, wie sie durchgearbeitet werden müssen, also zuerst ein Kapitel des Begleitheftes und anschließend ein oder mehrere Kapitel des Buches. Abb. 9.33 zeigt die Checkliste.

Abb. 9.33 zeigt die Checkliste zu einem Begleitheft und dem zugehörigen Buch, die im Rahmen des Kurses verinnerlicht werden mussten.

① Die Bezeichnung der Checkliste sowie die Toolbox für das Steuern des Empfangs und Sendens von Nachrichten auf den Kommunikationskanälen. Hier kann das „Lauschen" an Kommunikationskanälen über die Schaltfläche mit dem Ohr ein- und ausgeschaltet werden.

② Toolbox, die verschiedene Aktionen ermöglicht, wie das Öffnen der Checkliste im Beziehungseditor oder den Wechsel zwischen der Anzeige von noch offenen bzw. bereits erledigten Checklistenelementen. In der Abbildung werden die bereits erledigten Checklistenelemente einer Lerneinheit angezeigt.

③ Mit diesen Schaltflächen können Checklistenelemente als erledigt oder in Bearbeitung markiert werden bzw. mit Anmerkungen versehen werden.

④ Zeile im Bericht, die u. a. den *Kurs* mit Lehrmaterial (Spalte *Literatur*) und das *Kapitel* anzeigt. Es müssen abwechseln die Kapitel des Begleitheftes und des

---

[12] Das Begleitheft IMG608-BH: Grundlagen der Datenvisualisierung/Weber, J., Gelwer, E., AKAD Bildungsgesellschaft mbH

[13] Rahlf, T. (2018): Datenvisualisierung mit R. 2. erweiterte Auflage. Springer Spektrum. https://doi.org/10.1007/978-3-662-54820-2.

9.3 Inhalte verinnerlichen im Rahmen der akademischen …

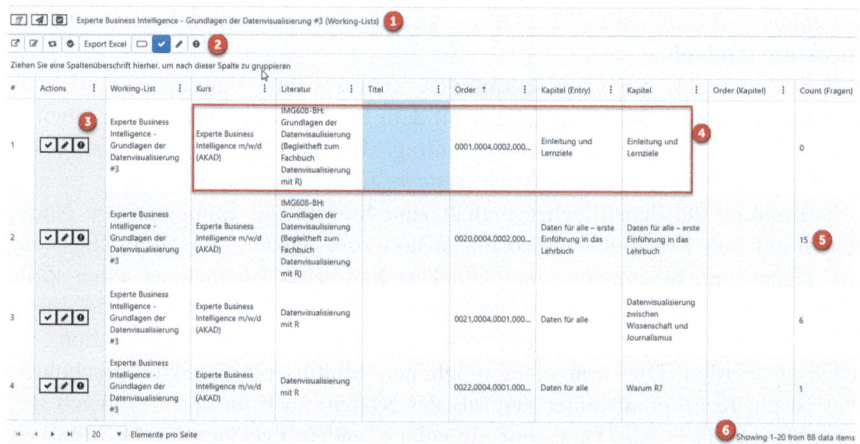

Abb. 9.33 Checkliste einer zu lernenden Einheit im Kurs

Buches durchgearbeitet werden. Der Bericht ist entsprechend sortiert. Er wurde mithilfe einer Abfrage in der Abfragesprache des PKG erstellt.

⑤ Anzahl der Fragen, die in das jeweilige Kapitel annotiert wurden; Diese zusätzlichen statistischen Elemente helfen bei der Orientierung während des Lernens. So können beispielsweise Kapitel sofort abgehakt werden, wenn sie 0 Fragen enthalten oder gar nicht angezeigt werden, wenn die Abfrage entsprechend angepasst wird.

⑥ Anzahl der Zeilen pro Berichtseite; Die Abbildung zeigt die ersten 20 von insgesamt 88 Kapitel der zu lernenden Einheit.

Zum Öffnen der Checkliste gibt es verschiedene Möglichkeiten. Zum einen kann ein Favorit im Browser genutzt werden, der die App/View mit der entsprechenden Checkliste öffnet. Sie kann aber auch in Notizen referenziert werden, wie einer Status-Notiz zum Kurs, in der der momentane Stand dokumentiert wird. Aus dieser Notiz heraus kann die Checkliste mithilfe des View-Navigator geöffnet werden. Es könnte aber auch dem Kurs über den Beziehungseditor die verschiedenen Checklisten für die verschiedenen Lerneinheiten im Beziehungseditor zugeordnet werden. Ein Bericht könnte erstellt werden, der nur noch die Checklisten anzeigt, die nicht erledigte Kapitel enthält. Eine dieser Formen der Organisation der Arbeit war notwendig, aufgrund von 45 Checklisten, die ich während des Kurses durcharbeiten musste.

Ich habe eine weitere Form der Organisation genutzt. Zur Kontrolle meiner Lernleistung, habe ich eine App/View verwendet, mit der ich die Zeiten des Lernens erfasst habe. Die App/View ermöglicht es, Zeiterfassungs-Einträge mit Objekten im PKG zu referenzieren. So habe ich den Zeiterfassungs-Einträgen die Kapitel zugeordnet, die ich bearbeitet hatte. In der App/View wird eine Liste der letzten Zeiterfassungs-Einträge angezeigt und auch das zugeordnete Objekt. So ist sofort ersichtlich, welches Kapitel als letztes durchgearbeitet wurde. Über die

Beziehung von Kapiteln zu Checklisten, konnte ich die jeweils zuletzt bearbeitete Checkliste ermitteln.

Zur Vernetzung der Objekte mit den Zeiterfassungs-Einträgen, wurde das Kommunikationssystem benutzt, dass mit dem Publish-Subscribe-Pattern arbeitet. Abb. 9.34 zeigt einen Zeiterfassungs-Eintrag, dem das Kapitel *Data Mining* des Lehrbriefes *IMG406: Datawarehouse Systeme* zugeordnet wurde.

① Toolbox, die Schaltflächen enthält zum Steuern des Empfangs von Nachrichten auf den Kommunikationskanälen und zum Senden von Nachrichten auf dem Kanal zum Selektieren eines Objektes bzw. zum Übernehmen eines Zeiterfassungs-Eintrages für Datenänderungen

② Den Zeiterfassungseinträgen können Gruppen für die Organisation zugewiesen werden. Dies war einer möglichen Multiuser-Architektur geschuldet. Dies ist ein Konzept aus einer Zeit, als das System noch für einen größeren Benutzerkreis gedacht war. Da es mir nie gelang, andere Personen für die Mitarbeit an dem Projekt zu gewinnen, geriet dieses Ziel aus dem Blickfeld. So nutze ich Gruppen, um Lernsituationen zu organisieren. Die Gruppe *Work* wurde zugeordnet. Automatisch wurde im Hintergrund der aktuell angemeldete Benutzer referenziert.

③ Bezeichnung des Zeiterfassungs-Eintrages

④ Start- und Endzeit, die zum Eintrag erfasst wurden

⑤ Kategorie des Zeiterfassungs-Eintrags; *Privat* dient beispielsweise der Erfassung von Pausen.

⑥ Das mit dem Eintrag referenzierte Kapitel *Data Mining* des Begleitheftes *IMG406: Datawarehouse Systeme*; Dieses Eingabefeld kann in den Status versetzt werden, auf Nachrichten auf dem Kanal zum Übernehmen von Objekten zu „lauschen". Sobald dann auf diesem Kanal eine Objektreferenz empfangen wird, wird eine Beziehung zwischen dem Objekt und dem Zeiterfassungs-Eintrag hergestellt.

Der Zeiterfassungs-Eintrag *Learn* in Abb. 9.34, wurde aus einer anderen App/View über den Kanal zum Selektieren eines Objektes als Referenz versandt und

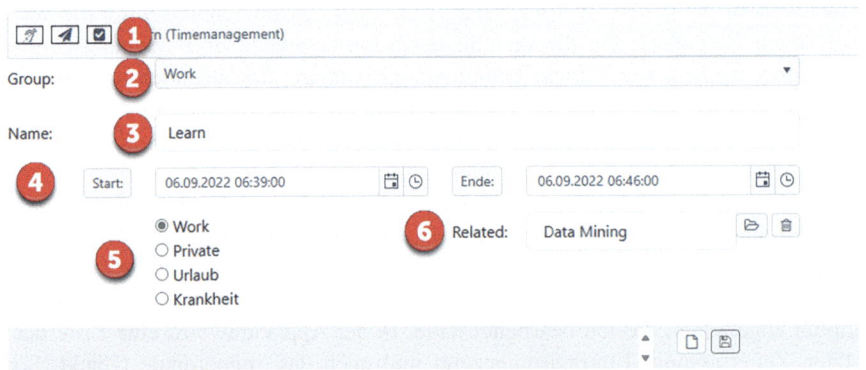

Abb. 9.34 App/View für die Zeiterfassung mit geladenem Eintrag

anschließend in der App/View zur Zeiterfassung geladen. So kann beispielsweise aus einem Bericht von Zeiterfassungs-Einträgen zum Kurs, der Zeiterfassungs-Eintrag selektiert werden und wird automatisch in der App/View für die Zeiterfassung geladen, wenn der Empfang von Nachrichten aktiviert ist. Dadurch wird das assoziative Unterstützungspotential und das prozessuale Unterstützungspotential in der Arbeit mit dem Medium kombiniert.

Die Kombination von Notizen, Beziehungseditor, Abfragesprache, Bericht und Kommunikation mit Hilfe des Publish-Subscribe-Pattern führt dazu, dass das formal-deskriptive, assoziative, explorative und prozessuale Unterstützungspotential von Medien ganzheitlich kombiniert, aktiviert werden können. Es können in einem Bericht die Informationen formal-deskriptiv zusammengefasst werden, beispielsweise zur Anzeige einer Liste von Kapiteln. Dieser Bericht, kann in einer App/View für Checklisten genutzt werden, um ein systematisches Abarbeiten der Einträge zu ermöglichen. Aus dieser App/View kann ein Kapitel an die App/View für die Zeiterfassung übergeben werden, die das Kapitel dann einem Zeiterfassungs-Eintrag zuordnet. Das Kapitel kann im Bericht aber auch selektiert werden und so können die zugehörigen Fragen in einer Fragen-/Antworten-App geladen werden, die die Nachricht der Selektierung eines Kapitels empfangen hat, aber entkoppelt vom Sender. Die Arbeitsweise wird assoziativ.

Mithilfe dieser ganzheitlichen Aktivierung von formal-deskriptivem, assoziativem, explorativem, prozessualem und deskriptivem Unterstützungspotential, wird es möglich, in der Zeiterfassung viel feingranularer zu arbeiten als ohne die ganzheitliche Kombination. So konnte ich mithilfe von erstellten Berichten zu den Zeiterfassungs-Einträgen, folgende Fragen beantworten:

1. Wie viele Stunden in der Woche lerne ich momentan? => Die Antwort auf diese Frage benötige ich beim Lernen, um zum einen mein geplantes Pensum pro Woche zu beurteilen und zum zweiten, um mich zu motivieren, noch etwas mehr Zeit zu investieren oder zu entscheiden, dass ich zu viel Zeit investiere, um die Zeit reduzieren zu können, damit nicht zu viel Stress entsteht.
2. Wie viele Stunden habe ich für eine bestimmte Lektion benötigt? => Der Lehrgangsanbieter macht Angaben über die zu planende Anzahl von Stunden pro Lektion. Ich habe die Lehrgangsunterlagen im PKG mit den Lektionen vernetzt, diese wiederum mit den Lehrunterlagen und diese mit den Kapiteln. Die zugehörigen Zeiterfassungs-Einträge können für Statistiken zu den Kapiteln, Lehrunterlagen, Lektionen und zum Kurs verwendet werden. Diese Verbindung und maschinelle Weiterverarbeitung in Statistiken, hilft dabei, den momentanen Stand der eigenen Lernleistung zu beurteilen durch einen Vergleich der vorgeschlagenen zeitlichen Lernleistung mit der tatsächlichen.
3. Wie viele Stunden musste ich für die Seiten in den Kapiteln von Lehrunterlagen bisher investieren? => Die Antwort hilft mir dabei, das Gefühl für die Komplexität der aktuellen Lerneinheit aufzubauen und damit Toleranz gegenüber größerer Zeitaufwände zu entwickeln bzw. überhaupt ein Gefühl für die Komplexität in einer Lernsituation entwickeln zu können. Diese Feingranularität ist einem persönlichen Phänomen geschuldet, dass sich AD(H)

S nennt und dazu führt, dass es sehr schwerfällt, Lernleistungen zu beurteilen, wodurch sehr schnell das Gefühl der Überforderung und Orientierungslosigkeit in Lernsituationen eintritt, was zu einer drastischen Behinderung in Lernsituationen führt. Ausführliche Statistiken ermöglichen hierbei die Entwicklung einer fundierteren Sicherheit im Umgang mit den Lehrmaterialien. Die Statistiken können mithilfe von Abfragen ermittelt werden, da die Seitennummern in den Texten der Kapitel referenziert wurden und sich so die Anzahl der Seiten pro Kapitel ermitteln lassen. Hier zeigt sich erneut der Punkt Persönliche Datenhoheit/Zentrierung der Daten auf den Nutzer, denn ein PKG ermöglicht es, viel individueller auf die Informationsbedürfnisse der Anwender:innen einzugehen.

Abb. 9.35 beantwortet Frage 1, Abb. 9.36 Frage 2 und Abb. 9.37 Frage 3. Ursprünglich hatte ich 12 Stunden pro Woche Lernleistung geplant, 11,16 habe ich am Ende des Kurses erreicht. Das ist für mich eine sehr gute Leistung parallel zu einem Vollzeitjob mit weitreichenden fachlichen Verantwortlichkeiten, also auch etlichen Überstunden. Die Statistiken helfen mir dabei, eine kontinuierliche

Kurs	Start	Ende	Hours	Days	Hours / Day	Hours / Week
Experte Business Intelligence m/w/d (AKAD)	01.02.2022 06:37:00	28.08.2023 17:53:00	913	573	1,59	11,16

Abb. 9.35 Teil eines Berichts einer Statistik zum Kurs, die die Frage beantwortet, wie viele Stunden pro Woche investiert wurden (Hours/Week)

Kurs	Lektion	Started	Aufgewandte	Geplante Stun...	Überstunden
Experte Business Intelligence m/w/d (AKAD)	Einführende Informationen	01.02.2022	56	125	-69
Experte Business Intelligence m/w/d (AKAD)	Big Data	25.03.2022	176	125	51
Experte Business Intelligence m/w/d (AKAD)	Grundlagen Business Intelligence	30.07.2022	151	125	26
Experte Business Intelligence m/w/d (AKAD)	Datenmanagement	31.07.2022	238	125	113
Experte Business Intelligence m/w/d (AKAD)	Datenvisualisierung im Managementcockpit	29.11.2022	235	125	110
Experte Business Intelligence m/w/d (AKAD)	Praxisanwendung Datenanalyse und Visualisierung	27.02.2023	236	125	111

Abb. 9.36 Teil eines Berichts einer Statistik zur einzelnen Lektion mit aufgewandten Stunden, geplanten Stunden und Über/Unterstunden

#	Kurs	Literatur	Kapitel	Page-Count	Kapitel-Duration (Minuten)	Page-Duration (Minutes)
1	Experte Business Intelligence m/w/d (AKAD)	STA102 Einführung in die Aufgaben der Statistik	Vorbemerkung	1	31	31
2	Experte Business Intelligence m/w/d (AKAD)	STA102 Einführung in die Aufgaben der Statistik	Einleitung und Lernziele dieser Lerneinheit	1	2	2
3	Experte Business Intelligence m/w/d (AKAD)	SQF233 Ziel- und Zeitmanagement	Zusammenfassung	2	6	3
4	Experte Business Intelligence m/w/d (AKAD)	SQF233 Ziel- und Zeitmanagement	Instrumente des Ziel- und Zeitmanagements	6	28	5
5	Experte Business Intelligence m/w/d (AKAD)	SQF233 Ziel- und Zeitmanagement	Einleitung und Lernziele	2	4	2
6	Experte Business Intelligence m/w/d (AKAD)	SQF233 Ziel- und Zeitmanagement	Methoden des Ziel- und Zeitmanagements	1	9	9
7	Experte Business Intelligence m/w/d (AKAD)	SQF233 Ziel- und Zeitmanagement	Zeit braucht Ziele	1	7	7
					average: 50	average: 17

Abb. 9.37 Statistik, die anzeigt, wie viele Minuten pro Kapitel und Seite benötigt wurden

Lernleistung über Monate oder sogar Jahre hinweg aufrechtzuerhalten. Außerdem kann ich so der zeitlichen Planung zu Beginn des Kurses relativ nahekommen durch die laufende Reflexion.

9.4 Verwaltung und Publishing der von mir komponierten Songs

Der Autor war aktiver Musiker von 1988 bis 2009 und hat während dieser Zeit mehrere hundert Songs und Fragmente mit Computern komponiert und aufgenommen. Viele dieser Songs und Fragmente hat er mithilfe seines Personal Knowledge Graph ab dem Jahr 2013 archiviert und katalogisiert. Dabei wurden die Songs, zugehörige Aufnahmen, Querverweise, frühere Veröffentlichungen, Songtexte usw. im PKG gepflegt. Seit einiger Zeit bietet der Personal Knowledge Graph des Autors die Möglichkeit, Inhalte in Form von Internetauftritten zu exportieren. Das Kapitel beschreibt die Verwaltung und Veröffentlichung der Songs.

In den Jahren 1987 bis 2009 wollte ich professioneller Musiker werden. Ich sang in Bands und komponierte und arrangierte mit dem Computer Songs, die ich veröffentlichen wollte. Im Laufe der Jahre sind es hunderte von Kompositionen geworden, von denen viele verloren gingen und Aufnahmen teilweise nur noch auf Musikkassetten oder CDs vorlagen. Zwischen 2009 und 2013 machte ich eine Schaffenspause. Ab 2013 begann ich damit, neue Stücke zu komponieren und alle vorhandenen Stücke auf Soundcloud[14] hochzuladen, um sie anderen Menschen zu präsentieren. Außerdem veröffentlichte ich mehrere Alben auf der Plattform Bandcamp.[15] Das Ganze hatte aber die Qualität eines Hobbies angenommen und der Wunsch, professioneller Musiker zu werden, trat aufgrund Veränderungen im persönlichen Umfeld in den Hintergrund. Die Zusammenarbeit mit Soundcloud beendete ich aus persönlichen Gründen im Jahr 2019. Ab 2009 verwaltete ich die Songs und Veröffentlichungen in meinem PKG und digitalisierte ältere Songs, die noch auf Kassetten oder CDs im Schrank lagen. Vor einigen Jahren begann ich, all meine Songs im Rahmen eines eigenen Internet-Auftritts zu veröffentlichen. Dieser Internet-Auftritt wird von automatischen Prozessen meines PKGs erzeugt und aus dem PKG heraus exportiert. Das dabei befüllte Verzeichnis kann direkt auf einen Webserver hochgeladen werden. Die Verwaltung und das Veröffentlichen der Songs in einen Internet-Auftritt, aus dem PKG heraus, soll in diesem Kapitel beschrieben werden, am Beispiel meines Songs *Vom Sanften Nichts*.[16]

---

[14] https://soundcloud.com/ ist ein Online-Musikdienst, der es ermöglicht, eigene Songs einem größeren Publikum zu präsentieren. Einige Jahre waren meine Songs dort verfügbar, aus persönlichen Gründen ließ ich im Jahr 2019 meinen Account dort löschen.

[15] https://bandcamp.com/ ist ein Online-Musikdienst zur Veröffentlichung von Alben.

[16] Die Adresse http://www.omodules.de/MySongs/0dcefadc5872470cacecc3cc7c99e820_C.html führt zu einer Internet-Seite, auf der der Song Vom Sanften Nichts angehört werden kann.

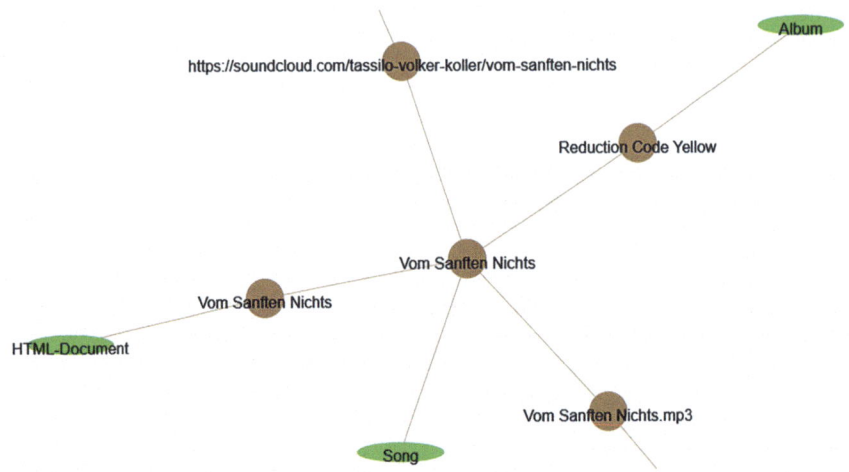

Abb. 9.38 Einige Beziehungen des Songs *Vom Sanften Nichts*

Abb. 9.38 zeigt einen Teil der Beziehungen des Songs *Vom Sanften Nichts*. Darauf ist beispielsweise die Notiz zum Song zu sehen. Sie ist mit der grünen Ellipse *HTML-Document* verbunden, der Klasse von Notizen. Die Notiz enthält einen Songtext und Bilder, die mit Bing Image Creator[17] erzeugt wurden (Abb. 9.40). Als Prompt für die Erzeugung des Bildes, diente der Songtext.

Die Graph-Visualisierung aus Abb. 9.38 wird schnell unübersichtlich. Aus diesem Grund verwende ich in der Regel andere Sichten auf die Beziehungen.

Abb. 9.39 zeigt den Beziehungseditor mit der selektierten Beziehung vom Song zum Album, auf dem ich den Song bei Bandcamp veröffentlicht habe. Der Song wurde von mir auf dem Album *Reduction Code Yellow* veröffentlicht.

① Der Song *Vom Sanften Nichts* in der Liste aller Songs; Er ist mit einem Link zur Notiz versehen.

② Geöffnete Seite der Notiz zum Song über den Link; Die Notiz enthält einen Player, den Songtext und Bilder.

③ Liste der Referenzen, die in den Text der Notiz integriert wurden; In diesem Fall ist es eine *literarische Anmerkung*, die eine Veröffentlichung eines Videos zum Song aus dem PKG heraus beschreibt. Über den Klick auf den Button, wird die zugehörige Notiz zur literarischen Anmerkung geöffnet. So kann in den Notizen navigiert werden, die für Internet-Auftritte exportiert wurden.

④ Geöffnete literarische Anmerkung zum Song. Sie beschreibt, dass ich zum Song ein Video erstellt habe, welches die Veröffentlichung meiner Songs aus dem PKG heraus demonstriert. Das Video ist in der Notiz eingebettet. Das Video

---

[17] Der Bing Image Creator ist eine Generative KI, die mithilfe eines Text-Prompts Bilder erzeugt (https://www.bing.com/images/create?setlang=de).

9.4 Verwaltung und Publishing der von mir komponierten ...

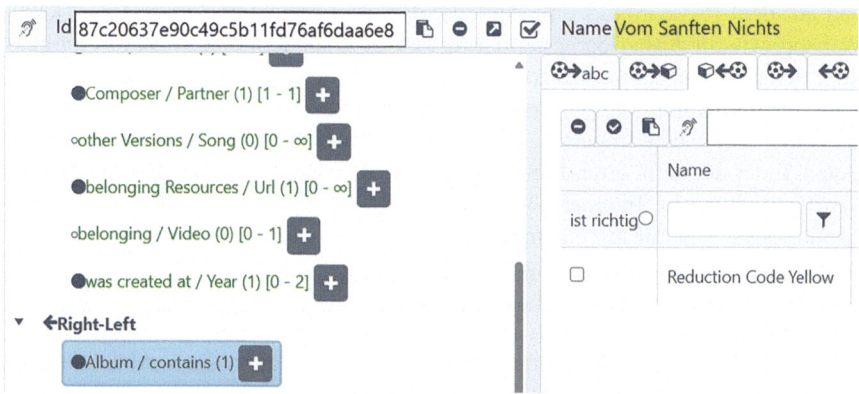

Abb. 9.39 Beziehungseditor, in dem die möglichen und konkreten Beziehungen des Songs bearbeitet werden können

ist auch bei YouTube[18] veröffentlicht, als Demonstrationsvideo für Veröffentlichungen aus einem PKG heraus.

Die Liste der Songs enthält u. a. das Entstehungsjahr der einzelnen Songs. Die Songs wurden mithilfe einer Musiksoftware komponiert. Hierzu wurden von mir Metadaten der Kompositions-Dateien der Songs in den PKG eingelesen, sofern sie noch vorhanden waren. Im Falle der Verwaltung der Songs, ist vor allem das Erzeugungsdatum der Dateien von Bedeutung. Bei den Songs, bei denen eine solche Datei nicht vorlag, wurde der Erstellungszeitpunkt der mp3 des jeweiligen Songs übernommen, welches ebenfalls automatisch in den PKG integriert wurde. Bei älteren Songs, die erst vor wenigen Jahren von mir digitalisiert wurden, ist dieses Metadatum nicht sinnvoll, da sie beispielsweise im Jahr 1988 komponiert bzw. aufgenommen wurden, die mp3 aber im Jahr 2016 erstellt wurde. Hier wurde von mir manuell ein Entstehungsjahr aus der Erinnerung als Metadatum eingetragen. Eine Abfragesprache ermöglicht es, die verschiedenen Datums anhand von Regeln auszuwählen und das Ursprungsjahr des Songs entsprechend dieser Regel abzufragen. Wenn ein Erstellungsdatum der Kompositionsdatei vorliegt, wird dieses genutzt, falls nicht, wird das manuell eingetragen Datum abgefragt, wenn auch dieses nicht vorhanden ist, wird das Erstellungsdatum der mp3-Datei abgefragt.

Der Bericht, der die Liste der Songs mit Metadaten anzeigt und zur Kontrolle der zu exportierenden Metadaten dient, ist das Ergebnis der Abfrage, die von mir in der Abfragesprache des PKG formuliert wurde. Der Bericht wird zusammen mit den Notizen, Medien und zusätzlichen Dateien bei Änderungen an den Notizen oder der Integration von neuen Songs in einen Ordner von mir exportiert, der den Internet-Auftritt repräsentiert. Für den Export bzw. Import von Daten in

---

[18] https://www.youtube.com/watch?v=gPJtFzevBQE

und aus dem PKG, gibt es eine App, die den Titel SyncStarter trägt. Es ist keine Webapp, wie die bisher dargestellten Apps/Views, sondern eine Desktop Applikation. In ihr können Jobs definiert werden für bestimmte Aktionen, die dann sowohl in der App interaktiv ausgeführt werden können, als auch in Powershell-Scripten zur Automation von Importen, Exporten oder maschinellen Verarbeitungen der Daten. Einer der definierten Jobs in meinem PKG, ist der Export meiner Songs zur Veröffentlichung im Internet. Der Job exportiert den Internet-Auftritt in ein Verzeichnis, dass von mir mit einem lokalen Internet-Server getestet und anschließend auf eine Internet-Präsenz hochgeladen wird. Der Internet-Auftritt benötigt keine Datenbank im Hintergrund und auch keine serverseitige Skript-Sprache, wie PHP. Damit kann der Internet-Auftritt sehr einfach und schnell online gestellt werden.

Zur Durchführung des Exports, dient die App SyncStarter, die in Abb. 9.41 dargestellt ist.

① Ausgewählte Funktion, für die Export-Jobs definiert wurden; Die ausgewählte Funktion *Export Anonymous* ermöglicht den Export von Internet-Auftritten.

② Konfiguration des Jobs mit anzugebenden Parametern; Sie kann im PKG abgespeichert werden und trägt im Falle des Exports des Internet-Auftritts den Namen *My Songs*. Die Konfiguration des SyncStarters beinhaltet notwendigen Informationen für den Export, wie der Pfad des Ausgabeverzeichnisses. Sie wird über die Eigenschaft *IdConfig* identifiziert, die als Parameter eingegeben werden. Sie entspricht der Id des Objekts, dass die Konfiguration des Jobs repräsentiert und im PKG abgelegt ist.

③ Schaltfläche zum Start von automatischen Imports/Exports/Verarbeitungen. Über diese Schaltfläche wurde im Beispiel von Abb. 9.41 der Internet-Auftritt für meine Songs exportiert.

④ Protokollierung der Events der Ausführung des Jobs.

Die Funktion zum Exportieren des Internet-Auftritts benötigt Konfigurationsdaten, wie HTML-Templates für die zu erstellenden Notiz-Seiten, die dann mit den Texten aus den Notizen gefüllt werden. Die Konfigurationsdaten sind im PKG als Objekt mit entsprechenden Beziehungen integriert. Dies sind beispielsweise die zugeordneten Notizen, die exportiert werden sollen. Es sind aber auch beispielsweise HTML-Templates. Die Abfrage für den Bericht der Songs, ist ebenfalls zugeordnet. Der Job exportiert dann die Notizen, den zugeordneten Bericht für die Liste der Songs und weitere Daten.

Der Job für den Export meiner Songs, erzeugt auch eine Startseite des Internet-Auftritts, die die Liste der Songs enthält. Die Liste bietet eine Möglichkeiten zum Abspielen und Download der Songs und enthält Links zu den Notizseiten mit Beschreibungen und Songtexten (Abb. 9.40).

Die Konfiguration des Jobs kann mit dem Beziehungseditor bearbeitet werden. Dafür ist der PKG besonders gut geeignet. Konfigurationen können jederzeit erweitert werden um zusätzliche Informationen, die unabhängig von der automatisierten Verarbeitung sein können und damit für die Organisation der Konfigurationen genutzt werden können. So wird der PKG zu einem sehr mächtigen Konfigurations-Werkzeug für automatisierte Prozesse (Abb. 9.42).

9.4 Verwaltung und Publishing der von mir komponierten ... 107

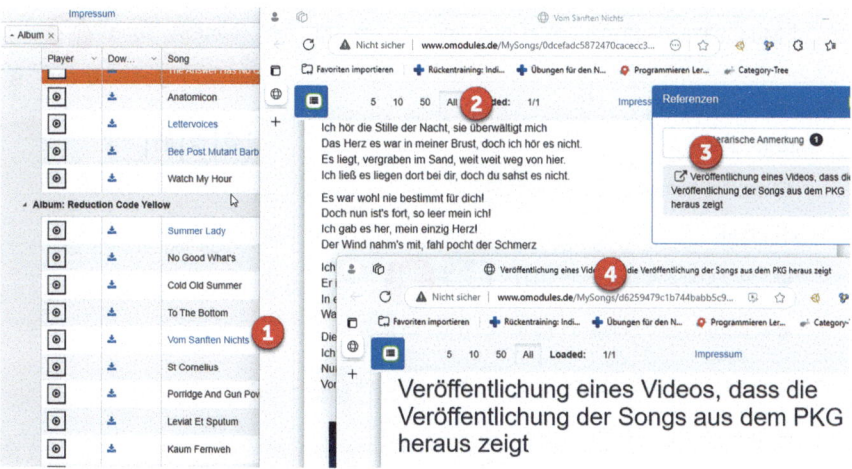

Abb. 9.40 Internet-Auftritt, auf dem meine Songs[19] abgespielt und downgeloadet sowie die zugehörigen Notizen geöffnet werden können

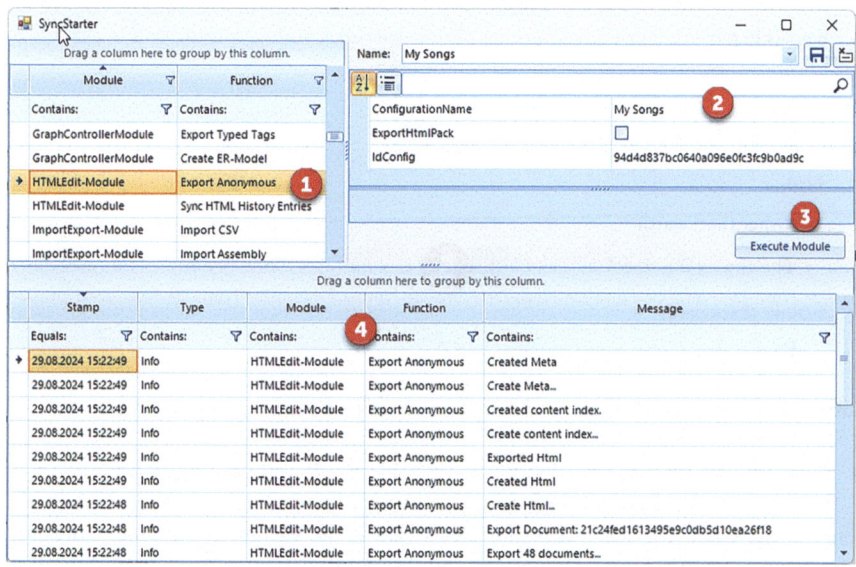

Abb. 9.41 SyncStarter-App zum Import und Export von Daten

① Bezeichnung des Konfigurationsobjektes für den Export von Internet-Auftritten aus den Inhalten des PKG

---

[19] http://www.omodules.de/MySongs/

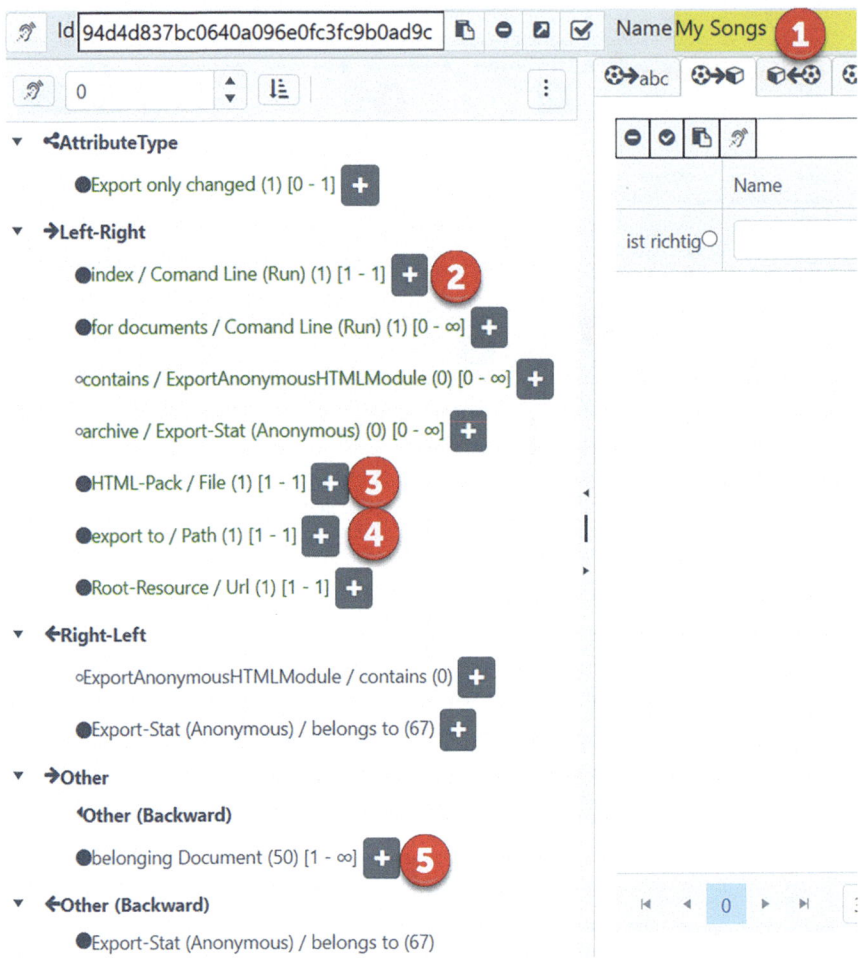

Abb. 9.42 Konfigurationsobjekt für den Internet-Auftritt meiner Songs

② Startseite des Internet-Auftritts; Das zugeordnete Objekt enthält als Attribut den HTML-Code für die Startseite. Der Code kann Variablen enthalten, die mit Werten aus dem PKG ersetzt werden, wie Seitentitel oder Zelleninhalte der Berichte.

③ Beziehung zu einem Objekt, dem eine gepackte Datei als Beziehung zugeordnet ist, die notwendige JavaScript-Bibliotheken für den Internet-Auftritt enthält und zusätzliche Dateien, wie CSS-Dateien; Die gepackte Datei ist im sogenannten Media-Store des PKG gespeichert, dass ist ein Dateisystem-Ordner, in dem Dateien abgelegt werden, die vom PKG verwaltet werden. Diese Datei wird während des Abarbeitens des Jobs im Ausgabeverzeichnis entpackt.

9.4 Verwaltung und Publishing der von mir komponierten ...

④ Pfad, in den der Internet-Auftritt exportiert werden soll; Es kann beispielsweise ein Verzeichnis eines lokalen Webservers sein, damit die Seiten getestet werden können, bevor sie im Internet veröffentlicht werden.

⑤ Zu exportierende Notizen bzw. Bericht-Abfragen, deren Daten exportiert werden sollen; Dadurch wird eine simple Autorisierung von Inhalten ermöglicht. Es werden nur die Inhalte exportiert, auf die anonym im Internet zugegriffen werden soll und die über diese mögliche Beziehung referenziert werden. Die zu exportierenden Notizen wurden mithilfe von Berichten ermittelt und aus dem Bericht heraus dem Konfigurationsobjekt zugeordnet. Der Bericht kann regelmäßig überprüft werden, um fehlenden Notizen zuzuordnen. Diese Form der Inventarisierung und Kontrolle der Inhalte, ist bei der Arbeit mit PKGs von zentraler Bedeutung aufgrund der Vieldeutigkeit der Inhalte. Es kann keine Eindeutigkeit und Exaktheit erwartet werden. (vgl. Gallet, 2023). So muss mithilfe regelmäßiger Reviews eine Überprüfung durchgeführt werden, was aber mit Hilfe von Abfragen und Berichten stark erleichtert werden. Den Bericht nutze ich jedes Mal, wenn ich den Internet-Auftritt erneut exportieren will, beispielsweise nach der Komposition eines neuen Songs und der Übernahme der zugehörigen Informationen in den PKG.

Die Notizen, die exportiert werden sollen, müssen dem Konfigurationsobjekt manuell zugeordnet werden. Um dies zu erleichtern, bieten sich Berichte und das publish-subscribe Pattern an. Der Bericht, der für die Startseite des Internet-Auftritts exportiert werden soll, enthält die Notizen, die mit exportiert werden sollen. Sie können im Bericht des Exports selektiert werden und auf dem Kanal für die Übernahme von Objekten für die Datenänderung gesendet werden. Der Bericht enthält auch die Information, welche Notizen dem Konfigurationsobjekt zugeordnet sind. Über entsprechende Filter, können dann nur die Notizen angezeigt werden, die dem Konfigurationsobjekt noch nicht zugeordnet sind. Im Beziehungseditor kann die Beziehung des Konfigurationsobjektes zu den zu exportierenden Ressourcen, auf Empfang gestellt werden. Aus dem Bericht heraus werden die Referenzen der Notizen auf dem entsprechenden Kommunikationskanal gesendet, im Beziehungseditor empfangen und dem Job-Konfigurationsobjekt zugeordnet (Abb. 9.43).

① Mögliche Beziehung des Konfigurationsobjektes zu den zu exportierenden Ressourcen, wie Notizen oder Bericht-Abfragen; Die Beziehung wurde im Beziehungseditor auf Empfang gestellt, was an der orangenen Farbe der +-Schaltfläche zu erkennen ist.

② Selektierte Notizen der zu exportierenden Songs

③ Die Schaltfläche mit dem Haken dient zum Senden von selektierten Objekten auf dem Kanal zur Übernahme von Objekten für die Datenänderung. Die Referenzen der Notizen werden im Beziehungseditor auf dem Kanal empfangen und dem Konfigurationsobjekt über den Beziehungstyp *belonging Document* zugeordnet.

Neben dem Publish-Subscribe Pattern gibt es auch noch ein Clipbaord im PKG, in das Referenzen zu Knoten des PKG abgelegt und an anderer Stelle übernommen werden können. Die Notizen können auch in das interne Clipbaord integriert werden und dann im Beziehungseditor aus dem Clipboard heraus eingefügt

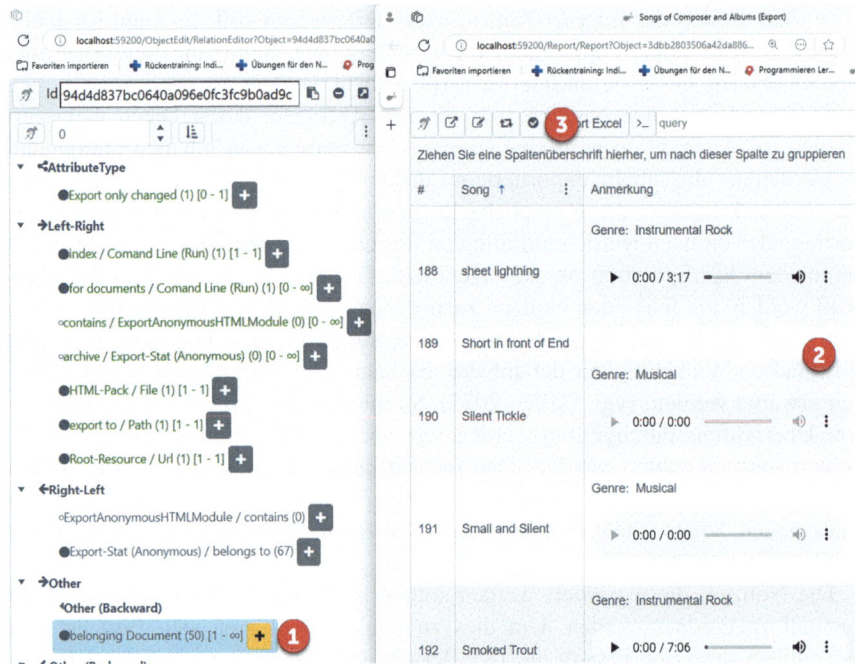

Abb. 9.43 Zuordnen der zu exportierenden Notizen mithilfe des publish-subscribe Patterns

werden. Dabei werden nur die Objekte im Clipboard bei der Übernahme angezeigt, die potenziell in einer gewählten möglichen Beziehung übernommen werden können. Welche Objekte übernommen werden können, entscheidet sich an der Klasse, der das Objekt zugeordnet ist. Deshalb kann man von einem semantischen Clipboard sprechen, da eine Bedeutungsebene bestimmt, welche Objekte aus dem Clipboard angeboten werden. Die Übernahme über den Kommunikationskanal bzw. die Übernahme mithilfe des semantischen Clipboards, sind zwei mächtige Werkzeuge zur Herstellung von Beziehungen im Beziehungseditor.

Die definierten Jobs können auch mit Powershell-Scripten ausgeführt werden, so können Jobs automatisiert werden, beispielsweise durch einen Scheduler, der Jobs zyklisch ausführt bzw. im Rahmen einer komplexen Kombination von auszuführenden Jobs innerhalb eines Scripts (Abb. 9.44).

① Der Aufruf des Jobs zum Export des Internet-Auftritts; Der Aufruf wurde authentifiziert mit E-Mail-Adresse und Passwort

② Rückmeldung der Jobausführung mit Protokollmeldungen über den Stand der Ausführung

Durch automatische Prozesse, die beispielsweise über Task-Scheduler des Betriebssystems zyklisch ausgeführt werden können, können die Daten des PKG automatisiert, im Hintergrund und ohne Nutzereingriff verarbeitet werden, beispielsweise für die zyklische Synchronisation der Daten mit öffentlichen Systemen.

9.4 Verwaltung und Publishing der von mir komponierten …

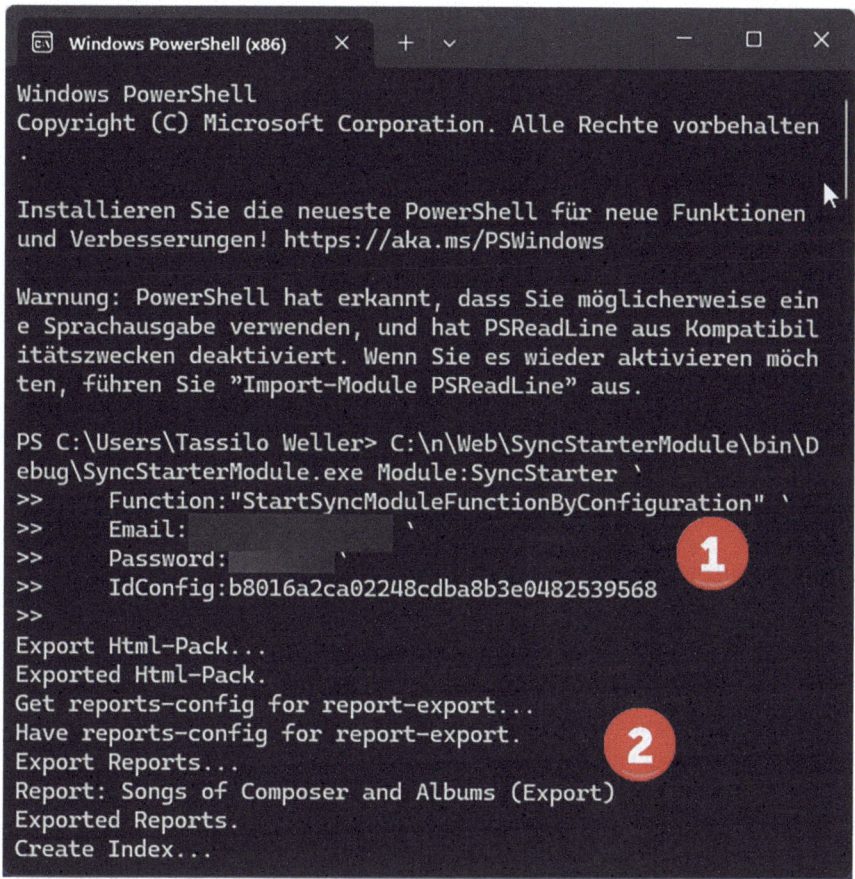

Abb. 9.44 Ausgeführter Job zum Export des Internet-Auftritts in einem Powershell-Fenster

Auf diese Weise können beispielsweise Internet-Auftritte gepublished, oder Termine mit einen Cloud-Kalender synchronisiert werden.

Die Verwaltung meiner Songs im PKG, zeigt die Langfristigkeit der Informationen in einem PKG. Im Falle der Songs, wird meine Musikgeschichte langfristig festgehalten und weitergeführt. Dabei helfen auch automatisierte Prozesse, die Metadaten aus externen Quellen übernehmen, wie die Erzeugungsdatums von Dateien. Im Laufe der Zeit entstehen immer mehr Beziehungen zu den Songs, beispielsweise durch Veröffentlichungen bei Bandcamp, Assoziationen zum Genre der Songs, Songtexte, Bilder und Videos, Anmerkungen, Bezüge zu wichtigen Ereignissen... Durch das Annotieren in Notizen, beispielsweise des Songs *Vom Sanften Nichts* in der Notiz des Kapitels, welches Sie gerade lesen, entsteht ein immer komplexer werdendes Netzwerk von persönlichen Zusammenhängen. Mithilfe der Möglichkeiten der Organisation des Wissens im PKG, bleiben die Informationen auf Dauer verfügbar. Die Nähe zum eigenen Denken aufgrund der individuellen und bedürfnisgerechten Vernetzung, führt dies zu einem stabilen assoziativen Netzwerk, dass dem eigenen Denken nahekommt. Durch die Möglichkeit der Nutzung der assoziativen Navigation durch die Informationsstrukturen und die Nutzung von Berichten, die formal-deskriptive Informationsstrukturen repräsentieren, die gefiltert, durchsucht, gruppiert und sortiert werden können, entsteht ein langfristig nutzbarer und komplexer Wissensspeicher. Darin wird Wissen auf eine Art und Weise abgelegt, die dem eigenen Denken nahekommt, wodurch tiefer verinnerlicht und einfacher bzw. schneller wiederverwendet werden kann. Jobs, wie der Export von Internet-Auftritten, die mit Konfigurationsobjekten arbeiten, die im PKG verwaltet werden können, ermöglichen komplexe Hintergrundprozesse.

9.5 Einordnung der fehlenden Anforderungen

Dieses Kapitel thematisiert die wenigen Anforderungen, die in den Use Cases nicht beschrieben wurden und im Personal Knowledge Graph des Autoren (noch) nicht zur Verfügung stehen, wie die Verwendung auf unterschiedlichen Geräten.

Nachdem in den letzten Kapiteln die Anforderungen im Rahmen von Beispielen demonstriert wurden, sollen nun die Anforderungen erwähnt werden, die in den Use Cases nicht abgebildet bzw. unzureichend berührt wurden.

Da wären zum einen die persönlichen Dienste, bei denen es darum geht, dass von der Maschine anhand der Interaktion erkannt wird, welche Repräsentationsform für die Darstellung der Informationen am sinnvollsten für eine Person ist, die mit den Informationen arbeitet. Es geht aber auch darum, persönliche Informationen kontrolliert, gezielt und der entsprechenden Situation entsprechend weitergeben zu können. Der erste Punkt könnte durch die Nutzung des Publish-Subscribe Patterns in Kombination mit der Nutzung von semantischen Interaktionsstatistiken und der Einbindung von künstlicher Intelligenz erreicht werden. So könnte die Maschine „lernen", welche Informationen und Funktionen zugeordnet werden sollten, für die jeweilige mit den Informationen arbeitende Person im jeweiligen Kontext. Dies ist im Vorgestellten System nur ansatzweise realisiert und muss weitergedacht werden. Der zweite Punkt der gezielten Weitergabe von Informationen, wurde beim Export von Notizen ansatzweise angeschnitten. Damit könnte aber beispielsweise eine gezielte Weitergabe von medizinischen Informationen an Ärzte nicht sicher gewährleistet werden.

Eine weitere Anforderung ist die Vergabe von Schreib- und Leserechten, was notwendig ist, sobald externe Stellen auf die Informationen im PKG zugreifen wollen, bzw. wenn Informationen weitergegeben werden sollen. Dies ist ebenfalls nur ansatzweise beim Export von Notizen angeschnitten worden, da hierbei nur die Notizen exportiert werden, die freigegeben wurden. Auch die Authentifizierung am PKG wurde demonstriert, aber keine ausgefeilte Autorisierung von Inhalten für bestimmte Funktionalitäten.

Eine Anforderung, die nicht berücksichtigt wurde, ist die Anforderung der Verwendung auf unterschiedlichen Geräten. Diese Anforderung wurde bisher noch nicht im System verwirklicht, nicht zuletzt deshalb, weil das System nur von einem Entwickler betreut wird, da es dem Autor nicht gelungen ist, andere Entwickler für eine Arbeit an dem System zu begeistern.

Literatur

Baltes, O., Anadiotis, G. (2019): A framework for evaluating Personal Knowledge Graph tools. In Velitchkov, I., Anadiotis, G. (2023): Personal Knowledge Graphs: Connected thinking to boost productivity, creativity and discovery. Exapt Press (eBook).

Brath, R, Jonker, D. (2015): Graph Analyasis and Visualization – Discovering Business Opportunity in Linked Data. Indianapolis, Ind.: Wiley. https://doi.org/10.1002/9781119183662.

Cambridge Intelligence (2019): Graph visualization: fixing data hairballs [Blogbeitrag]. https://cambridge-intelligence.com/how-to-fix-hairballs/. Zugriff am 09.08.2023

Ege, B., Paschke, A. (2021): Semantische Datenintelligenz im Einsatz, Springer Vieweg.

Gallet, F. (2023): The decisive role of the unintentional part of knowledge in PKGs. In Velitchkov, I., Anadiotis, G. (2023): Personal Knowledge Graphs: Connected thinking to boost productivity, creativity and discovery. Exapt Press (eBook).

Hohpe, G. & Woolf, B. (2003). Enterprise Integration Patterns: Designing, Building, and Deploying Messaging Solutions. Addison-Wesley.

Linden, M. (2015): Geschäftsmodellbasierte Unternehmenssteuerung mit Business-Intelligence Technologien. Springer Gabler. https://doi.org/10.1007/978-3-658-11801-3.

Luhmann, N. (1981): Kommunikation mit Zettelkästen. In Baier H. et.al. Öffentliche Meinung und sozialer Wandel/Public Opinion and Social Change. S. 222-228

Tochtermann, K., Maurer, H. (2006). Semantic Web — Geschichte und Ausblick einer Vision. In: Pellegrini, T., Blumauer, A. (eds) Semantic Web. X.media.press. Springer, Berlin, Heidelberg. https://doi.org/10.1007/3-540-29325-6_1.

Velitchkov, I. (2023): Personal Knowledge Graphs – Why, what, and where to?. In Velitchkov, I., Anadiotis, G. (2023): Personal Knowledge Graphs: Connected thinking to boost productivity, creativity and discovery. Exapt Press (eBook).

w3.org (1999): Resource Description Framework (RDF) Model and Syntax Specification. https://www.w3.org/TR/PR-rdf-syntax/. Zugriff am 09.08.2024.

Die Herausforderungen 10

In diesem Kapitel sollen sowohl die Herausforderungen des vorgestellten Systems als auch die Herausforderungen im Bereich Personal Knowledge Graph Systeme allgemein, dargestellt werden.

Die vorgestellte Lösung weist mehrere grundsätzliche Probleme auf. Im Moment wird die Lösung nur vom Autor verwendet und auch weiterentwickelt. Dadurch, dass er der einzige Entwickler des Systems ist und vollständigen Zugriff, Kontrolle und auch das Wissen über die Entwicklungsressourcen und internen Zusammenhänge des Systems hat, stellt sich die Frage, inwieweit weniger technische involvierte und kompetente Nutzer:innen mit dem System arbeiten könnten. Beispielsweise kommt es gelegentlich zu Fehlern im Programmablauf, aufgrund von veränderten Daten. Diese Fehler müssen teilweise durch das sogenannte Debugging analysiert werden. Das ist die schrittweise Überprüfung des Programmiercodes des Systems während der Nutzung, um die Datenänderungen zu identifizieren, die zu den Problemen führen. Diese Analyse könnten wahrscheinlich auch mithilfe der Möglichkeiten des PKGs durchgeführt werden, wie Abfragen und Berichten, doch könnte diese Frage nur beantwortet werden, wenn mehr Nutzer mit dem System arbeiten würden. Die Nutzung einer Abfragesprache ist ebenfalls fraglich in Bezug auf weniger technisch versierte Menschen. Auch die gezeigten Definitionen von Erwartungen in Form von Klassen, Beziehungen und Attributen, kann eine hohe Hürde für Personen darstellen, da so schnell eine Komplexitätsfalle entstehen kann, bei der die Schwelle unüberwindbar hoch wird für viele Menschen (Vgl. Rosenauer, 2023). Auch stellt die Lösung ein im Laufe von 14 Jahren gewachsenes System dar, welches veraltete Komponenten und technologische Irrwege beinhaltet. Für den Autor ist eine Neuentwicklung des Systems auf der Basis aktueller technologischer Konzepte unumgänglich.

Die Thematisierung von Problemen, findet sich auch in der Literatur. Vor allem die maschinelle Weiterverarbeitung der Informationen in einem Personal Knowledge Graph, wird vor große Probleme gestellt, da häufig strukturierte

Informationen fehlen oder widersprüchliche Informationen entstehen können durch die manuellen Veränderungen und Ergänzungen durch Anwender:innen. Bei strukturierten Lösungen, wie Personal Knowledge Graph Lösungen, teilen sich persönliche und öffentliche Gegenstände Attribute. Für die eine Seite sind bestimmte Attribute von Bedeutung, die für die andere Seite unbedeutend sind. Die Frage danach, innerhalb welchen Zeitraums repräsentierte Gegenstände gültig sind, ist ebenfalls ein wichtiges Problem, da in einem Personal Knowledge Graph zum Teil kurzlebige Gegenstände integriert werden. Der Einsatz von Neuronalen Netzen zur Weiterverarbeitung ist ebenfalls schwierig, aufgrund der potenziell geringen Datenmenge in Personal Knowledge Graph Lösungen. All diese Punkte implizieren, dass für Personal Knowledge Graph Lösungen, neue Formen der Kombination von Automatismus und manuellem Eingriff entwickelt werden müssen (Vgl. Balog, 2019).

Ein Problem ist auch die fehlende Abgrenzung zwischen einem Personalized und einem Personal Knowledge Graph. Ein Personal Knowledge Graph ermöglicht den selbst bestimmten Umgang mit Informationen, da alle Informationen durch die Nutzer:innen potenziell geändert werden können (siehe Feature Persönliche Datenhoheit/Zentrierung der Daten auf den Nutzer). Aussagen, wie „Personal or Personalised Knowledge Graphs (PKGs) are small graphs on top of KGs which contain user's related data." (Ilkou, E., 2022) vernachlässigen den Unterschied zwischen Informationen über Personen bzw. interessante Informationen für Personen und selbst bestimmt geschaffene oder veränderte Informationen durch Personen. Hier bestehen immer noch ungelöste Probleme in Bezug auf die Integration von externen strukturierten Daten, die Interessant für die Nutzer:in eines Personal Knowledge Graph sind, sowie die Verbindung mit ergänzenden persönlichen Informationen, die ein:eine Nutzer:in anlegt und verändert. Die Probleme treten bei der automatisierten Erkennung der interessanten externen Informationen auf sowie beim Update von Informationen, die persönlich angereichert wurden (Vgl. Ilkou, E., 2022).

Es werden neue Architekturen, Workflows und Protokolle benötigt, die es ermöglichen, Informationen in einem Personal Knowledge Graph zu integrieren bzw. zu extrahieren, was nicht zuletzt an dem Problem der Datenhoheit über die enthaltenen Informationen liegt. Es muss sicher erkannt werden, welche Informationen integriert bzw. extrahiert werden sollen im Rahmen des Schutzes der Privatsphäre aber auch der Kontrolle über die Informationen durch einen Menschen, der die Datenhoheit über die Personal Knowledge Base besitzt. Ein weiteres wichtiges Problem ist die Kombination von widersprüchlichen Informationen, die in einem Personal Knowledge Graph enthalten sind. Dies sind öffentliche Informationen und subjektive Vorstellungen, Annahmen und Meinungen (Vgl. Balog et al., 2021).

In den letzten Kapiteln wurden einige Ansätze präsentiert, die in Richtung der Lösung der Probleme zeigen könnten, wie die integrativen Axiome, die es dem Menschen ermöglichen, definierte Erwartungen zu überschreiten. Der Maschine wird es dadurch ermöglicht, die Überschreitung zu erkennen, darzustellen und zu nutzen. Dieses Potential kann in automatisierten Prozessen genutzt werden für Validierungen, Plausibilitätsprüfungen und Entscheidungen. Ein weiterer Ansatz ist die Nutzung des publish-subscribe-patterns zur interaktiven Verbindung von Informationen und Funktionen. Dadurch wird es möglich, persönliche Dienste entstehen zu lassen. Dies könnte ein Ansatzpunkt für machine learning sein, um anhand der Interaktionsstatistiken innerhalb von semantischen Kontexten, die Verbindung von Information und Funktion zu optimieren, sodass persönliche Dienste entstehen. Kleinere technische Komponenten, wie ein semantisches Clipboard können die Arbeit mit einem PKG vereinfachen und bei den laufenden Reviews behilflich sein.

Literatur

Balog, K. (2019): Personal Knowledge Graphs: A Research Agenda. In ICTIR '19, October 2–5, 2019. https://dl.acm.org/doi/https://doi.org/10.1145/3341981.3344241.

Balog, K., Mirza, P., Skjæveland. M.G.,Wang, Z. (2021): Report on the Workshop on Personal Knowledge Graphs (PKG 2021) at AKBC 2021. In ACM SIGIR FORUM, Vol. 56 No. 1, June 2022.

Ilkou, E. (2022): Personal Knowledge Graphs: Use Cases in e-learning Platforms. https://arxiv.org/pdf/2203.08507.pdf. Zugriff am 11.04.2024.

Rosenauer, G. (2023): Extending the Desktop into a Personal Knowledge Graph with SEN. In Velitchkov, I., Anadiotis, G. (2023): Personal Knowledge Graphs: Connected thinking to boost productivity, creativity and discovery. Exapt Press (eBook).

Das Zusammenspiel der Unterstützungspotentiale und Ausblick

11

Die Use Cases zeigen ein Zusammenspiel des explorativen Arbeitens mit natursprachlichen Informationsstrukturen auf der einen Seite und (formal-)deskriptiven Anreicherung von Ordnungstechniken und -strukturen auf der anderen Seite. Hinzu kommen analoge Inhalte, wie Videos oder Audioinhalte, die den (formal-)deskriptiven Inhalten in der Vernetzung zugänglich gemacht werden müssen. Dabei geht es beispielsweise um die Eingliederung der explorativ entstehenden Texte in eine Ordnerstruktur bzw. die Annotation der explorativen und unstrukturierten Inhalte mit Gegenständen, wie E-Mails, Projekten oder Fragen bzw. mit Gegenständen, die sich erst während der Arbeit mit den Informationen ergeben und die (formal-)deskriptive Eigenschaften besitzen, welche maschinell weiterverarbeitet werden können. Man könnte von der anreichernden Kombination explorativer bzw. unstrukturierter Medienartefakte auf der einen Seite und (formal-)deskriptiver Medienartefakte auf der anderen Seite sprechen, die im Konfliktfeld der ordnenden Eingrenzung und der grenzüberschreitenden Schöpfung stehen.

Im Zentrum steht also die anreichernde Kombination von intuitiv erweiterbaren oder unstrukturierten bzw. analogen Informationen mit formalisierten, durch Erwartungen begrenzte Informationen. Das Spannungsfeld zwischen Begrenzung und Grenzüberschreitung, ist in PKG-Lösungen besonders ausgeprägt, was durch das (P)ersonal ausgedrückt wird. Diese teils widersprüchlichen Seiten müssen in einem PKG durch die Informationsverarbeitung, technologische Komponenten und Techniken der Arbeit mit dem System, anreichernd miteinander verbunden werden, damit eine ganzheitliche Unterstützung des menschlichen Denkens erreicht wird. So wird das reziprok-ambivalente Unterstützungspotential mehr oder weniger ausgeprägt aktiviert und vom Medium mehr oder weniger gut unterstützt.

Dies wird versucht zu erreichen durch assoziative Informationsstrukturen, beispielsweise in der Form von Netzwerk- oder Graphen-Strukturen. Dadurch wird es möglich (formal)-deskriptive Strukturen intuitiv und themenüberschreitend zu erweitern. Das assoziative Unterstützungspotential wird wirksam. Durch die

Integration von Knoten in diese Struktur, die natursprachlichen Text in Notizen enthalten, wird die Möglichkeit der anreichernden Kombination von explorativem und (formal-)deskriptiven Unterstützungspotential verstärkt, da in den Notizen besonders explorativ gearbeitet werden kann. Die meisten aktuellen PKG-Lösungen, basieren auf dem Prinzip, die Notizen in den Mittelpunkt der Betrachtung zu stellen, um eine niedrige Schwelle zu erreichen. Damit stehen die Notizen stellvertretend für geistige Gegenstände. Dadurch wird aber das Konzept der Notiz überbewertet, obwohl im geistigen Vordergrund die eigentlichen Gegenstände stehen und nicht die Notiz. Die Notizen können inhaltlich mit (formal-)deskriptiven Links zu anderen Notizen angereichert werden, wodurch eine formale Strukturierung der Notizen erreicht wird, aber noch auf niedrigem Niveau aufgrund der fehlenden intuitiven Anreicherung der formalen Strukturen um Eigenschaften zur Erzeugung komplexer formaler Gegenstände. Um dieses Niveau zu erhöhen, gibt es Graph-Visualisierungen, die unerkannte Muster erkennbar machen. Dieses Potential der Mustererkennung ist aber stark abhängig von der Menge der Knoten und Beziehungen, die eine bestimmte Grenze überschreiten muss, um Erkenntnisgewinn zu ermöglichen. In PKG-Lösungen sind die Datenmengen in der Regel zu niedrig, um hier sinnvolle Ergebnisse zu erzielen (Vgl. Gallet, 2023). Diese Möglichkeit der Erkennung von unbekannten Mustern aktiviert das reziprok-ambivalente Unterstützungspotential, da unerwartete und widersprüchliche Muster im Geist nutzenorientiert zu etwas Neuem transformiert werden können. Das betrachtete System löst die Notizen als eigenständige Objekte von den geistigen Gegenständen, die eigentlich betrachtet werden und arbeitet mit Multirepräsentationalität in Form verschiedenen Repräsentationen der Strukturen. Neben der Graph-View werden Abfragen mit Berichten genutzt bzw. der Beziehungseditor, um die Beziehungen zu analysieren, aber auch, um die eigenen Grenzüberschreitungen sichtbar zu machen, da Erwartungen und tatsächliche Ausprägung der Beziehungen im Verhältnis zueinander betrachtet werden.

Eine weitere Möglichkeit zur Verbindung der explorativen mit der formal-deskriptiven Seite, ist die Integration von semantisch gehaltvollen Gegenständen, wie Projekten und Aufgaben über die Annotation. Sie besitzen im Vorfeld der Nutzung definierte Eigenschaften. Diese komplexen Objekte sind dann aber in der Regel der Datenhoheit des:der Anwender:in entzogen. Das explorative Unterstützungspotential wird ausgehebelt. Hier kommen die integrativen Axiome ins Spiel, die eine menschliche, wie auch maschinelle Reflexion von Erwartungsüberschreitungen ermöglichen und damit auch ein Ansatzpunkt für die explorative Arbeit mit formalen Informationsstrukturen sind.

Damit wird die Decke weiter erhöht. Durch entsprechende Integration funktionaler Elemente, wie Kästchen zum Abhaken von Aufgaben bzw. die Integration vordefinierter Abfragen, um nicht erledigte Aufgaben anzuzeigen, wird erreicht, dass die Schwelle niedrig bleibt, aber die Decke weiter erhöht wird. Funktion und Information werden kombiniert. Dadurch kommt das prozessuale Unterstützungspotential zum Tragen. Es kann aber mit dem explorativen Unterstützungspotential nur indirekt kombiniert werden, weil die Verbindung zwischen Information und

Funktionen fest verdrahtet ist und ebenfalls der Datenhoheit der Anwender:in größtenteils entzogen wird.

Durch das publish-subscripe-Pattern und die Nutzung von semantischen Interaktionsstatistiken, kann erreicht werden, dass die feste Verdrahtung von Funktionen und Informationen überwunden wird und die Verbindung von explorativem, prozessualem und (formal-)deskriptivem Unterstützungspotential in der geistigen Bewegung der Prozesse wirksam wird. Dadurch werden unerwartete funktionale Potentiale verstärkt nutzbar gemacht.

Die (formal-)deskriptiven Informationsstrukturen, in denen Gegenständen Eigenschaften nach definierten Regeln zugeordnet werden, werden dem assoziativen Unterstützungspotential geöffnet, wenn die Eigenschaften eigenständige Knoten im Graph darstellen, die in einer Ontologie kombiniert werden können. So kann man nicht mehr von der Vernetzung von Gegenständen sprechen, sondern von der Schöpfung von Gegenständen durch die Vernetzung. Wird es möglich, in dieser Struktur die Regeln so zu überschreiten, dass der Mensch und die Maschine die Grenzüberschreitung registrieren und realisieren können, so wird das reziprok-ambivalente Unterstützungspotential auch in (fromal-)deskriptiven Informationsstrukturen verstärkt wirksam. Andere PKG-Lösungen bieten hierbei keine Ansätze zur umfassenden Integration von formalen, kontrollierten und definierten Strukturen (Vgl. Baltes and Anadiotis, 2019). Da die zu integrierenden Regeln maschinelle Ausführung ermöglichen sollen, können sie als Axiome bezeichnet werden. Axiome stellen (formal-)deskriptive Erwartungen an Strukturen und Prozesse dar, die notwendig sind, damit die automatisierten Prozesse nicht fehlerhaft abbrechen. Man könnte von selektiven Axiomen sprechen. Wird es möglich, diese Regeln zu überschreiten mit der Registrierung und Bewusstwerdung der Grenzüberschreitung, könnte man von integrativen Axiomen sprechen. Dadurch wird es möglich, unerwartete Zusammenhänge in der Reflexion der Grenzüberschreitungen der formalen Strukturen zu erkennen, und zwar durch den Menschen, aber auch durch die Maschine. Automatisierte Plausibilitätsprüfungen werden denkbar anhand der Axiome und der registrierten Grenzüberschreitungen. Mit Hilfe von integrativen Axiomen, umgesetzt mithilfe technologischer Komponenten, kommt eine weitere Möglichkeit dazu, (formal-)deskriptive und explorative Arbeitsweise anreichernd zu kombinieren auf der persönlichen Ebene von Einzelfällen. So wird es möglich, dem Konzept des Memex wesentlich näher zu kommen.

Die ganzheitliche Unterstützung des Denkens durch ein mögliches Medium der Zukunft, ist von entscheidender Bedeutung, wenn es um die langfristige Ablage, Wiederverwendung und Kommunikation der eigenen Gedanken geht. Dabei spielt besonders das reziprok-ambivalente Unterstützungspotential eine entscheidende Rolle, weil es das Bindeglied zwischen den anderen Unterstützungspotentialen ist, um Ganzheitlichkeit zu erreichen. Es ermöglicht, die anderen Unterstützungspotentiale in einem Medium anreichernd miteinander zu verbinden.

Literatur

Baltes, O., Anadiotis, G. (2019): A framework for evaluating Personal Knowledge Graph tools. In Velitchkov, I., Anadiotis, G. (2023): Personal Knowledge Graphs: Connected thinking to boost productivity, creativity and discovery. Exapt Press (eBook).

Gallet, F. (2023): The decisive role of the unintentional part of knowledge in PKGs. In Velitchkov, I., Anadiotis, G. (2023): Personal Knowledge Graphs: Connected thinking to boost productivity, creativity and discovery. Exapt Press (eBook).

Zentrale Thesen des Autors 12

In diesem Kapitel möchte der Autor zentrale Thesen dieses Werks formulieren, die in den zurückliegenden Kapiteln belegt werden sollten. Die Thesen gehen teilweise über die Argumentation im zurückliegenden Text hinaus, vor allem in Bezug auf Aussagen zur Benachteiligung von Menschen. Sie stellen einen Ausblick und ein Ansatzpunkt für weiterführende Fragestellungen dar. Die folgenden Aussagen sind ein Auszug aus einer unbeantworteten Mail des Autors an Univ.-Prof. Dr. habil. André Frank Zimpel vom 12.06.2024. Die Mail war eine Reaktion auf einen Artikel in der Zeitschrift alverde, in dem es um den Begriff der Neurodiversität geht und die Vorstellung, dass darunter zu verstehen ist, dass die Gehirne von Menschen individuell funktionieren (Vgl. Zimpel, 2024).

1. Es gibt einen Aspekt des Denkens, der bisher in der Betrachtung und Unterstützung stark vernachlässigt wurde. Das ist die reziprok-ambivalente Fähigkeit des menschlichen Denkens, Widersprüchliches anreichernd so miteinander zu verbinden, dass etwas Neues zielführendes und nutzenorientiertes entsteht.
2. Medien sind spezielle Mittel zur Ablage, Wiederverwendung und Kommunikation von Gedanken. Sie stellen Kultur dar und werden von uns geformt und formen uns. Dabei stehen sie unserem Denken näher als andere Mittel und stellen deshalb eine Art Erweiterung des Gehirns dar.
3. Die reziprok-ambivalente Fähigkeit des Denkens wird durch Medien bisher unzureichend unterstützt. Damit bleibt die Nutzung dieser Fähigkeit hauptsächlich auf den menschlichen Geist beschränkt ohne große Unterstützung durch Medien.
4. Medien unterstützen einseitig verschiedene Fähigkeiten des menschlichen Denkens, wie formal-deskriptive, assoziative, prozessuale oder explorative Fähigkeiten. Medien wirken dabei trennend in Bezug auf die Wirksamkeit der Fähigkeiten, da die Fähigkeiten teilweise gegenseitig ausschließend sind und den Medien das Unterstützungspotential für die reziprok-ambivalente Fähigkeit,

also der nutzentorientierten Verbindung fehlt. Die Verbindung muss im Geist hergestellt werden, ohne sie medial abbilden zu können. Dies führt zur Tendenz der geistigen Trennung und Konkurrenz zwischen den Aspekten, bei der Arbeit mit Medien.

5. Die formal-deskriptive Fähigkeit steht gesellschaftlich im Vordergrund, was dazu führt, dass Menschen, bei denen diese Fähigkeit im Verhältnis zu den anderen Fähigkeiten schwächer ausgeprägt ist, benachteiligt werden und größere Anstrengung aufwenden müssen, bei der Zusammenführung mit den anderen Fähigkeiten. Die Arbeit mit Medien wird dadurch für diese Menschen oft sehr schwierig (Stichwort Neurodiversität).
6. Das reziprok-ambivalente Unterstützungspotential von Medien, also die direkte Unterstützung der zugehörigen geistigen Fähigkeit, wirkt als Bindeglied zwischen den verschiedenen Fähigkeiten und führt zur nutzenorientierten Verbindung dieser sich teils ausschließenden Fähigkeiten. Ich spreche dabei von der konstruktivistischen Mutabilität des Denkens, die aber durch eine gesellschaftliche Einseitigkeit und die Tendenz der Trennung durch Medien, gehemmt wird.
7. Wird die reziprok-ambivalente Fähigkeit als eine Art Unterstützungspotential in Medien integriert, gehe ich davon aus, dass sich wesentlich mehr Menschen im sozialen miteinander, wesentlich besser integrieren können, da sie damit in die Lage versetzt werden, Ihre geistigen Fähigkeiten im assoziativen, explorativen oder prozessualen Bereich, im Verhältnis zum formal-deskriptiven Bereich, besser wirksam werden zu lassen.

Eine weitere Passage der Mail, formuliert Thesen in Bezug auf den in diesem Buch im Rahmen der Use Cases vorgestellten Personal Knowledge Graph:

1. Gedanken werden in Form von assoziativen Verbindungen zwischen den Gedanken abgelegt und geschaffen. Die Beziehung stellt damit das konstituierende Element bei der Konstruktion von Wirklichkeiten im Medium dar. Das System ermöglicht die Navigation über die Assoziationen. So kann von scheinbar unwichtigen, aber im Gedächtnis verfügbaren Aspekten, zu den erwarteten bzw. gesuchten Aspekten navigiert werden. Dies bezeichne ich als assoziatives Unterstützungspotential von Medien.
2. Es können Erwartungen definiert werden, wie die digital abgelegten Gedanken aussehen sollen in Form von erwarteten Eigenschaften von Gegenständen. So können soziale Erwartungen abgebildet werden. Man könnte vom (formal-)deskriptiven Unterstützungspotential von Medien sprechen.
3. Diese Erwartungen können aber jederzeit überschritten werden, wodurch explorativ mit den Erwartungen gearbeitet werden kann. Man könnte vom explorativen Unterstützungspotential sprechen, dass in der Arbeit mit (fromal-)deskriptiven Strukturen wirksam wird.
4. Das System visualisiert die Grenzen, an denen die (formal-)deskriptiven Modelle überschritten werden, verhindert aber nicht die Überschreitung, sondern macht sie lediglich bewusst. Dies führt zu einer laufenden Reflexion und damit

zu einem besseren Verständnis der eigenen Gedanken im Verhältnis zu den Erwartungen. Hierbei könnte man vom reziprok-ambivalenten Unterstützungspotential sprechen, da dadurch im Geist die anreichernde Verbindung zwischen sich scheinbar ausschließenden Konzepten unterstützt wird. Dieses Potential ist für mich von entscheidender Bedeutung, weil Widersprüche für meine Art zu Denken sehr wichtig sind.

5. Das System „lernt", welche Funktionen mit welchen Daten am sinnvollsten verwendet werden sollten. So wird die prozessuale Seite des menschlichen Denkens unterstützt, weil eine selbst organisierte Verbindung zwischen Funktion und Information ermöglicht wird. In „normaler" Software wird die Verbindung zwischen Information und Funktion durch die Entwickler festgelegt, eine selbst organisierte Neuorganisation dieser Verbindungen ist nur sehr eingeschränkt möglich. Menschen denken in Handlungsoptionen und spielen diese durch. Man könnte hierbei vom prozessualen Unterstützungspotential sprechen.

Für den Autor zeigt sich ein großes Potential, dass die beschriebenen Unterstützungspotentiale und der Ansatz einer technischen Umsetzung dabei helfen können, Medien zu schaffen, die dem menschlichen Denken wesentlich näherkommen als bisherige Medien und so dazu geeignet sein könnten, die Menschheit in ein neues Zeitalter der Teilhabe und persönlichen Entfaltung zu führen.

Literatur

Zimpel, A. F. (2024, 7): Gehirne sind wie Schneeflocken. In alverde. Juni 2024. S. 70-73.

The manufacturer's authorised representative in the EU is Springer Nature Customer Service Centre GmbH, Europaplatz 3, 69115 Heidelberg, Germany. If you have any concerns regarding our products, please contact ProductSafety@springernature.com

Printed and bound by CPI Group (UK) Ltd, Croydon, CR0 4YY
26/03/2026
02078942-0012